I0161331

Sea Su Propio Coach
a Través del Duelo

Sea Su Propio Coach a Través del Duelo

Aplicando principios de instrucción a su jornada de duelo

Dr. Don Eisenhauer, PCC

Dr. Don Eisenhauer, PCC

Correo Electrónico: don@coachingatendoflife.com

Teléfono: 1-484-948-1894

Sitio Web: www.coachingatendoflife.com

Coaching
at End of Life

Copyright © 2014 Coaching at End of Life, LLC, Dr. Don Eisenhauer. Todos los derechos reservados. Ninguna parte de esta publicación podrá reproducirse ni transmitirse de ninguna forma o por cualquier medio electrónico, mecánico, fotocopia o grabación o de ninguna otra manera, incluyendo el almacenamiento de información y sistemas de recuperación, sin permiso por escrito del titular del derecho de autor.

ISBN 978-0-9894751-3-6

Tabla de Contenido

Agradecimientos

En memoria de mi padre, Russell S. Eisenhauer

1928-2004

Mi padre me enseñó lo que significa morir bien ... y luego aprendí lo que era experimentar un duelo.

Este libro surgió como resultado de mi viaje a través del duelo y del apoyo de quienes caminaron conmigo. Estos son principios que he enseñado profesionalmente durante años y que he llegado a entender de manera personal.

Te extraño, papá. Estoy agradecido por todo lo que me has enseñado a través de tu vida y tu muerte.

Introducción

Casi nunca pasa un día en el que no reciba una llamada de alguien a quien no conozco que me dice, "mi (ser querido) acaba de morir, y estoy muy mal. ¿Podría usted ayudarme?"

El duelo es una experiencia que la mayoría de nosotros tendrá que enfrentar en un momento u otro. No es algo que elegimos, sin embargo, es parte de la vida.

Algunas personas pedirán ayuda, como lo describo arriba. La mayoría, sin embargo, caminará el viaje del duelo a solas, esperando que alguien les apoye en el camino.

El problema es que algunos individuos se apresuran a apoyar a aquellos que se encuentran en duelo y la mayoría se aparta, dejándolos solos en su camino del duelo, mientras los amigos y familiares reaccionan a su propia ignorancia o miedo. Eso me entristece.

Por esto es que, en Coaching Al Final De La Vida, nos hemos comprometido a "Ir audazmente a donde la mayoría no quiere ir, pero algún día, todos irán"; como dice nuestro lema, inspirado en Star Trek.

Estamos comprometidos a formar y entrenar coaches de fin de vida certificados que podrán andar el camino del duelo con aquellos que han experimentado una pérdida.

La mayoría de nosotros necesita ese apoyo. Necesitamos ese compañerismo, esa afirmación y alguien que nos escuche. Mientras las llamadas continúan entrando a mi teléfono, respondo diciendo: "¡Sí! Podemos ayudarle. Déjeme dirigirle a un coach de fin de vida a quien le encantará caminar junto a usted a través de su duelo".

Incluso si usted tiene un coach de fin de vida, el no puede caminar con usted 24/7. Hay veces en que se despertará en medio de la noche, abrumado por el dolor, por ejemplo. En momentos como estos, usted deberá tomar ciertos pasos por sí mismo.

Ese es el propósito de este libro, fue hecho para colocarse en las manos de aquellos que están experimentando un duelo. No están solos, en Coaching Al Final De La Vida, queremos caminar con usted.

Permítanme compartir cómo usted puede ser su propio coach a través de su duelo.

Capítulo Uno

"A Través del Duelo"

De las palabras que componen el título de este libro, muy poco hay que decir acerca de las cuatro últimas. Como parte de la vida misma, la mayoría de la gente experimentará lo que significa ir "a través del duelo". El hecho de que haya escogido este libro significa que probablemente esté experimentando un duelo ahora mismo, y si no es ahora mismo, podría haber sufrido la muerte de un ser querido en el pasado y todavía está sintiendo los efectos de esa pérdida el día de hoy. (Para algunos, esa pérdida fue hace tanto tiempo, que les avergüenza admitir que siguen en duelo. Usted incluso podría estar leyendo este libro en secreto.) Otros están leyendo este libro porque saben que el duelo es algo que estará en su futuro cercano, ya que un ser querido está muriendo, está envejeciendo o ha sido diagnosticado con una enfermedad terminal. Le felicito por querer "prepararse".

Muy pocos de nosotros nos escapamos de vivir un "duelo". Cuando experimentamos una pérdida, cuando alguien a quien amamos muere, entendemos lo que muchos describen como un dolor tan severo que no se puede describir con palabras. Clientes y miembros de mis grupos de apoyo me dicen: "nunca me imaginé que tan intenso sería el dolor del duelo" o "no tenía idea de qué tan difícil sería esto".

Esa palabra "a través" es importante. A veces comparo el viaje del duelo con un túnel. Los túneles no son lugares divertidos, son oscuros y aterradores y muchos optan por evitarlos, pero la única manera de llegar al otro lado es ir a través de ellos. (Eisenhauer, *Coaching al Final de la Vida*, 2012, p. 35.)

¿Y cómo hacemos eso? La mayoría de nosotros nunca tomó una clase sobre "cómo caminar a través del duelo". Anteriormente felicité a aquellos de ustedes que están leyendo este libro como una manera de preparación para una inminente pérdida. Si usted es uno de ellos, déjeme decirle que es usted muy raro. Muy pocos se preparan para sufrir antes de tiempo, la mayoría hace su aprendizaje mientras están en el medio de todo y eso no es fácil de hacer.

Entonces, ¿Cómo caminamos a través del duelo? La respuesta puede encontrarse en las primeras palabras del título de este libro.

Capítulo Dos

"Sea Su Propio Coach"

Las primeras palabras del título de este libro necesitan un poco más de explicación. Cuando oye la palabra "coach", ¿qué imagen viene a su mente? La imagen que viene a la mente de algunas mujeres es un bolso de diseñador, pero la imagen más común cuando la gente oye la palabra "coach" es el entrenador de un equipo deportivo. Esta imagen será útil en la comprensión de las primeras palabras del título de este libro, y en cómo puede ayudarnos el "coach" a recorrer nuestro camino del duelo.

¿Qué sabemos de un entrenador (coach) de fútbol?

- **Tener un coach es una necesidad para un equipo de futbol.** Sería difícil para un equipo jugar un juego sin un entrenador. De la misma manera, es igualmente difícil pensar en caminar el viaje del duelo sin un coach. Ya sea un coach de fin de vida certificado que aparezca en el sitio web coachingatendoflife.com, o un pastor, capellán o líder espiritual, o un pariente o un amigo, nunca es fácil y generalmente no es recomendable caminar solo a través del duelo.

[Permítame partir de la analogía del entrenador de fútbol por un momento para definir el título utilizado anteriormente: "coach de fin de vida certificado". Usted puede pensar: "no necesito a un coach de fin de vida, mi ser querido ya ha muerto". Tal vez la analogía que debemos usar aquí es el sorteo al comienzo de un partido de fútbol. Se lanza una moneda al aire, pero hay dos lados en esa moneda. Los jugadores eligen "cabezas" o "colas". De manera similar, hay dos lados de la moneda llamada "fin de la vida". Está el tiempo anterior a la muerte, al que llamamos el proceso de morir, y, para los seres queridos de los muertos, hay también el período de tiempo después de la muerte, al que llamamos duelo. A la mayoría de la gente le resulta útil tener a alguien que camine con ellos a través de estos períodos. Un coach de fin de vida es aquel que ayuda a las personas que están muriendo (así como a sus familias) y a aquellos que están en duelo. Un coach certificado de fin de vida es aquel que ha sido entrenado y certificado por Coaching at End of Life. Está calificado para impartir coaching a aquellos en ambos lados de la moneda de fin de vida.]

- **Un entrenador de futbol no se une a sus jugadores en el campo de juego ni juega el partido con ellos.** Se queda en el banco de suplentes. De manera similar, un coach de fin de vida no vive su duelo por usted. La "descripción de su trabajo" es caminar junto a usted, dándole el apoyo que necesita mientras USTED hace su duro trabajo de duelo.

- **El rol del entrenador es el de maximizar las cualidades de sus jugadores y motivarlos a trabajar duro, sin importa cuán difícil sea.** De la misma manera, su coach de fin de vida es su animador, el que lo alienta a seguir trabajando y a seguir su duelo. Este proceso suele ser lo más difícil que alguien tenga que enfrentar y es muy común que las personas quieran renunciar. Su coach de fin de vida estará ahí, a su lado, animándole a seguir adelante.

Esto es lo que significa ser "coacheado" a través del duelo. Claramente, el coach es invaluable tanto para un equipo de fútbol como para un individuo que está en duelo. Pero ¿qué pasa si no tiene un coach? O incluso si lo tiene, ¿qué hay de aquellos momentos en los que él no está disponible? ¿Qué pasa cuando se despierta en medio de la noche y está solo? ¿Qué hace cuando escucha la canción que era la favorita de su ser querido, y se suelta a llorar? ¿Dónde encontrará apoyo cuando intente compartir su dolor al llamar a familiares y amigos, y le regañen porque aún no lo ha superado? ¿Y qué hay de los tiempos entre sesiones con su coach, cuando desee avanzar a su propio ritmo? ¿Qué hace cuando siente que va a darse por vencido, y su coach de fin de vida no está físicamente a su lado? Es ahí donde interviene la segunda parte del título de este libro. Es ahora cuando usted necesita impartirse coaching a sí mismo a través de su duelo.

¿Cómo hace eso?

Recuérdese a usted mismo qué diría su coach de fin de vida, Si tuviera uno.

Y ¿cómo saber qué diría él? Eso está en el contenido de este libro, especialmente el capítulo siguiente. El capítulo tres le enseñará ocho cosas que puede hacer que le ayudarán durante los tiempos difíciles del camino a través de su duelo. Estos son principios del coaching que deberá aplicarse a usted mismo repetidamente. (Tenga en cuenta el subtítulo de este libro—Aplicando los Principios del Coaching a Su Viaje de Duelo.) Estos son pasos de acción que pondrá en práctica una y otra vez.

Recuérdese a usted mismo lo que significa estar Haciendo un buen duelo.

Abundan los malos entendidos en los temas del fin de la vida. Permítame compartir uno de ellos, uno que va a afectar su capacidad para ser su propio coach a través de del duelo.

Es importante hacerse la siguiente pregunta: Cuando estoy en medio de mi duelo, ¿qué significa "estar bien?"

Debido a que vivimos en una cultura que actúa como si la muerte fuera opcional en lugar de ineludible, típicamente no aprendemos a llorar una pérdida. Como resultado, a menudo escuchará a una persona que ha sufrido una muerte reciente decir algo como: "Estoy bien ahora. Estoy sonriente y me estoy sintiendo bien. La semana pasada, sin embargo, no estaba bien. Estaba perdido, llorando sin parar, y el dolor era tan grande que apenas podía funcionar". Esta persona tiene el concepto totalmente al revés. Es "ahora" cuando yo cuestionaría lo bien que está.

Nuestra cultura y la iglesia no entienden esto. Es lo contrario a la manera en que generalmente pensamos, en realidad, llorar y exteriorizar el duelo por la pérdida es a menudo una señal de estar bien. Guardárnoslo todo, mantener los sentimientos presionados en nuestro interior a menudo es un signo de un dolor que no es sano. Para ser nuestros propios coaches a través del duelo, debemos entender esto.

El ser nuestros propios coaches a través del duelo incluye recordar que lo que está experimentando no simplemente está bien, sino que además es necesario. Es lo que necesita experimentar para trabajar a través de su duelo, todo es parte del proceso del duelo por la pérdida.

Protéjase de los muchos mitos que rodean el tema del duelo.

Los mitos son falsas ideas que se presentan regularmente como verdades. Si usted no se protege contra ellas, será fácil que los acepte como una realidad.

Los 10 mitos comunes del duelo son:

Mito #1: El duelo y el dolor son la misma experiencia.

El dolor es lo que se siente en el interior después de que un ser querido ha fallecido, es el compuesto de pensamientos y sentimientos sobre la pérdida que se experimenta internamente. El duelo es la expresión externa y visible de esa pena, la expresión de lo que se experimenta en el interior. Algunos ejemplos de duelo incluyen llorar, hablar de la persona fallecida, del funeral o los servicios conmemorativos, recordar las fechas de aniversario o el encendido de velas. No es suficiente para una persona sentir su dolor, el dolor saludable debe involucrar un duelo.

Mito #2: El proceso del duelo es ordenado y predecible.

La Dra. Elizabeth Kubler-Ross, en su libro pionero *On Death and Dying* (1973), (*Sobre La Muerte Y El Morir* (1973), explicó las etapas del duelo: negación, ira, negociación, depresión y aceptación. El mito es que cada experiencia de duelo seguirá esta progresión ordenada, desde la etapa 1 a la etapa 5. ¡Eso no es lo que la Dra. Kubler-Ross intentaba expresar! Aunque estas etapas son reales, todo el mundo vive el duelo y el dolor a su propia manera, y con mucha frecuencia, este es un proceso desigual. Hay muchos factores que afectan nuestro duelo: Nuestra relación con la persona fallecida, las circunstancias que rodearon la muerte, edad, cultura, fe, etc.

Mito #3: La mejor cosa que uno puede hacer es tratar de mantenerse ocupado y evitar el dolor y el duelo.

Normalmente se nos enseña que el dolor es una indicación de que algo anda mal y que debemos encontrar maneras de aliviarlo. En el duelo, sucede lo contrario. Lo mejor que uno puede hacer cuando está en duelo es abrirse a la presencia de su dolor. Así de incongruente como suena, el dolor de una persona afligida es la llave que abre su corazón y le permite avanzar hacia la curación. Permanecer ocupado puede ser útil para hacerle frente a corto plazo y enmascarar el dolor, pero lo que hace realmente es atrasar el proceso del duelo.

Mito #4: La meta del duelo es "superarlo".

Al trabajar con el duelo, con frecuencia escuchará la pregunta, "¿Ya lo superó?" o "¿Cuándo podré superarlo finalmente?" O, peor aún, "¡Ya debería haberlo superado para que siga adelante con su vida!" Aun cuando otras personas quieren que la persona que atraviesa el duelo supere su dolor porque les hará sentirse mejor, eso no va a suceder. Por el contrario, quien sufre el duelo aprenderá a seguir adelante y a disfrutar de la vida, a pesar que el dolor de la pérdida siempre estará ahí.

Mito #5: Las lágrimas y otras demostraciones de emoción son un signo de debilidad.

El llanto es una forma maravillosa de lamentar una pérdida, es un sistema para liberar el dolor interior. Esto es válido tanto para hombres como para mujeres y de ninguna manera es un signo de debilidad. Por el contrario, se necesita un hombre fuerte para enfrentar sus emociones y para dejarlas salir a través de sus lágrimas. Mire la manera en la que Dios considera sus emociones: Salmo 56:8 (CEV) dice: "Tienes almacenadas mis lágrimas en tu botella y has contado cada una de ellas". El Señor Dios, rey del universo, tiernamente recoge las lágrimas que usted deja caer. Él guarda todas y cada una de ellas y las registra en Su expediente eterno. ¡Así de importantes son sus emociones!

Mito #6: El duelo es, simplemente, una reacción emocional.

El duelo afecta a una persona en muchas más formas y no sólo emocionalmente. Algunos ejemplos de las diferentes respuestas a la experiencia del duelo son la hiperactividad o hipo actividad, insomnio o el dormir todo el tiempo, el apetito incontrolable o no tener apetito en absoluto. Un comentario que regularmente hacen las personas, es que nunca se imaginaron lo doloroso que podía resultar el proceso.

Mito #7: Nadie puede ayudarle con su duelo.

La verdad es que las personas que experimentan un duelo necesitan de otras personas (personas comprensivas que entiendan este proceso) para hablar y para escuchar su historia. ¡Por esta razón es que se necesita tanto de los coaches de fin de vida! Muchos también encuentran esta ayuda en los grupos de apoyo de duelo. (Vea el capítulo 8.)

Mito #8: El tiempo cura todas las heridas.

Aunque este viejo cliché se afirma a menudo, la verdad del asunto es que el tiempo, por sí solo, no tiene nada que ver con la cura de la herida. Para curarse realmente, uno debe caminar a través del duelo. Es cierto que este viaje toma tiempo, pero a menos que uno haga el trabajo del duelo, el tiempo por sí mismo no logrará nada más que prolongar el dolor.

Mito #9: Seguir adelante con su vida significa que olvidará a la persona a quien perdió.

Nunca superaremos nuestro dolor, pero podemos reconciliarnos con él y seguir adelante con una vida significativa. Esto puede demostrarle mucho honor a nuestros seres queridos. Continuaremos recordándolos mientras descubrimos nuestra "nueva vida normal".

Mito #10: El dolor finalmente se termina.

Este mito dice que cuando hacemos las cosas correctamente, y finalmente nos reconciliamos con el dolor y el duelo, ellos no surgirán nuevamente. Esto no es cierto. Incluso muchos años después una muerte, las ráfagas de profundo dolor son comunes.

Recientemente visité a uno de mis pacientes del hospicio, quien normalmente era una persona muy alegre y feliz. Este día en particular, cuando entré, estaba llorando histéricamente. Le pregunté qué había pasado, a lo que dijo: "Extraño a mi mamá". Ella recién había asistido a un servicio especial en las instalaciones donde vive, y esto le había traído recuerdos de su madre. Le pregunté cuándo había muerto, a lo que me respondió que había fallecido durante la plaga, cuando mi paciente tenía seis años de edad. Mi paciente tiene actualmente 97 años de edad, así que su madre murió hace 91 años, y hoy en día estaba llorando histéricamente porque la echaba de menos. Este es un ejemplo del duelo que es perfectamente normal y saludable. ¡Mi paciente estaba bien!

Pregúntese cosas que le provoquen una profunda introspección.

No tiene que ser en tiempos de crisis que usted sea su propio coach. El coaching puede ser una práctica intencional y útil que usted puede decidir usar para impulsar su progreso, es un momento de reflexión y de auto examen; Pregúntese dónde está en su dolor; evalúe cómo está respondiendo a la pérdida que haya experimentado; piense en dónde quiere estar y cuánto tardará en llegar; y considere cómo podría ser su "nuevo estado normal".

Por ejemplo, en el siguiente capítulo, usted leerá acerca de la importancia de encontrar gente sana y lugares seguros donde puede expresar honestamente lo que está sintiendo y experimentando. Ser su propio coach significaría que, al leer este capítulo, se preguntaría cosas como: ¿Tengo a esa gente y esos lugares seguros donde puedo compartir abiertamente?, ¿Cuáles son las emociones que siento?, ¿En mi viaje de duelo, qué experimenté hoy?, ¿A quién puedo contarle mi experiencia, y cómo sería eso una ayuda para mí?, ¿Cuáles son las emociones o experiencias que he tenido miedo de compartir? Preguntas como éstas surgirán al leer este libro, y si no surgieran, le sugiero que haga una pausa en la lectura de cada sección o capítulo y se haga preguntas similares. Pregúntese a usted mismo lo que está haciendo con cada uno de estos principios.

Identifique algunos pasos que podría tomar: "Mi próximo paso para encontrar personas y lugares seguros es ..." o "Voy a hacer eso el día ..."

Tal vez quiera escribir esto y discutirlo luego con su coach de fin de vida. Esto también incluye la identificación de áreas de crecimiento y aprendizaje que han llegado como resultado de este no deseado viaje de duelo.

Tómese la responsabilidad de encontrar otros recursos disponibles.

Los capítulos ocho y nueve hablan de ponerse en contacto con un grupo de apoyo del duelo, ya sea en persona, por teléfono o por internet. También aprenderá sobre el soporte para el duelo en cualquier momento. Puede ir a: coachingatendoflife.com Web en cualquier momento para encontrar apoyo.

Capítulo Tres

Los Principios del Coaching del Duelo

Si tuviera un coach de final de vida certificado, ¿qué pasaría si se sentara con el ahora? En primer lugar, el escucharía su historia. No tomaría parte ni haría su duelo por usted; se quedaría al margen, pero caminaría su viaje con usted y le ayudaría a aplicar los siguientes pasos de acción en su vida.

Cuando es su propio coach, usted aplicará estos mismos principios.

1. Encuentre un lugar seguro

Debido a la cultura en la que vivimos, la mayoría de la gente no entiende el viaje del duelo. Peor aún, muchos se sienten incómodos al estar cerca de una persona que está atravesando un duelo. La gente no sabe cómo responderle a una persona afligida, y debido a que se sienten incómodos, obligan a la persona a "superar" su dolor y los critican cuando los ven hacer su trabajo de duelo. El resultado es un país lleno de gente que no se siente comprendida ni apoyada en su dolor. Aún peor, y debido a que muchos han encontrado sólo desaprobación frente a su método de duelo, las personas han aprendido a guardárselo todo dentro de sí mismas y no lo comparten con nadie. "No es seguro", dicen

El dolor produce una amplia gama de emociones normales. Algunas de las típicas emociones que experimenta una persona en duelo son shock, tristeza, ansiedad, culpa, desesperación, miedo, desorganización, confusión, enojo, odio, celos, alegría y alivio, sólo para nombrar unos pocos. Como se imaginarán, no es fácil lidiar con estas emociones.

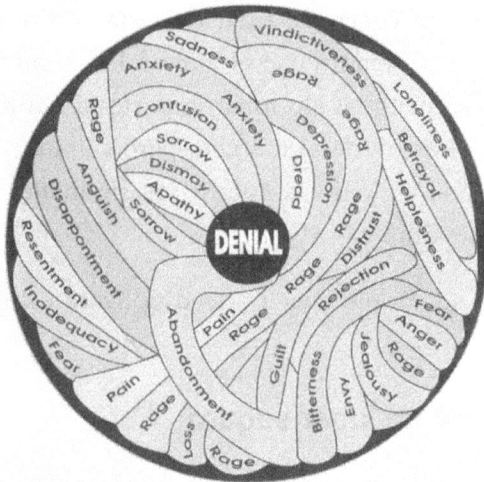

Reproducido con autorización. (Wright, *Ayudando a Aquellos que Sufren* 2006, 64)

(Rabia, ansiedad, tristeza, venganza, soledad, traición, envidia, celos, desesperanza, abandono, pérdida, enojo, miedo, furia, angustia, malestar, decepción, inadecuación, dolor, apatía, rechazo, incompetencia, amargura, inseguridad, desconfianza NEGACIÓN)

La imagen de arriba representa lo que H. Norman Wright llama la "Bola de Emociones Enredadas" y muestra cómo son las emociones del duelo para muchas personas. Hay muchas emociones diferentes y a veces se experimentan todas al mismo tiempo, están enredadas y mezcladas, lo cual a veces las hace difíciles de ordenar. Las emociones son

impredecibles, el que está en duelo puede sentirse bien en un momento y luego, de repente, soltarse a llorar incontrolablemente. A veces las emociones parecen abrumadora y otras veces están fuera de control.

En el centro de este círculo está la negación, esta es la emoción inicial que la mayoría de las personas experimenta cuando escuchan la noticia de la muerte de un ser querido. Se sienten adormecidas, en shock y llenas de incredulidad, o como si estuvieran mareadas o aturdidas. Creo que estos sentimientos son regalos de Dios, ya que protegen temporalmente, de manera psicológica, a aquellos que sufren la muerte de un ser querido hasta que son más capaces de tolerar lo que no quieren creer. Son un descanso temporal, hasta que podemos ser capaces de afrontar la realidad absoluta de la muerte. A veces describo la negación como una "inyección de anestesia natural", especialmente en el comienzo del viaje del duelo, cuando las emociones necesitan tiempo para ponerse al tanto de lo que les ha dicho su mente. Creo que si fuéramos golpeados con todos los sentimientos de duelo al mismo tiempo, no seríamos capaces de sobrevivir. Luego, después de la negación inicial, podemos enfrentar todas las emociones descritas arriba, una por una, y aceptar la realidad de la muerte. Es entonces cuando el duro trabajo del duelo comienza y cuando las emociones pueden salirse de control fácilmente.

Es fácil ver por qué muchas personas se sienten incómodas con alguien que está atravesando un duelo. Es comprensible que los familiares y amigos traten de que sus seres queridos "superen" su dolor y que los detengan cuando expresan abiertamente estas emociones, pero es igualmente claro y comprensible que, en consecuencia, quienes estén en medio del duelo, no se sientan seguros de compartir con muchas personas.

Por lo tanto, cuando usted se encuentre atravesando un duelo, uno de los primeros pasos que debe tomar es encontrar un entorno seguro en donde pueda vivir su duelo abiertamente y a su manera. Usted debe encontrar personas que le hagan sentir "seguro", con las que pueda compartir, y grupos y organizaciones "seguras" que le permitan ser usted mismo.

¿Qué debe buscar cuando esté tratando de encontrar estas personas o grupos "seguros"?

Antes de contestar esta pregunta, permítame comenzar con esta advertencia: Aunque todas las reacciones de dolor que se describen a continuación son normales y esperadas, si usted continúa experimentándolas durante periodos prolongados de tiempo sin registrar ningún cambio, o si se da cuenta de que está deseando causarse daño a sí mismo o se lo causa a otros, deberá acudir a un profesional de la salud mental de inmediato.

Encuentre a Alguien Que le Permita Expresar Su Dolor

Una de las tareas más difíciles en el coaching del duelo es el permitirse su propio dolor. También es una de las más difíciles tareas de una persona "segura" que desee caminar a través del duelo con usted. La realidad es clara, el duelo causa dolor, y la tendencia normal cuando alguien está sufriendo es querer sentirse mejor. De igual manera, la tendencia normal de sus amigos y familia será el querer ayudarle para que se sienta mejor. Usted querrá encontrar alguien que se abstenga de esto. De hecho, usted querrá encontrar a alguien que esté cómodo con su dolor. Se afirmó anteriormente que la pérdida tiene que ser llorada y lamentada, el dolor debe ser enfrentado y los sentimientos intensos necesitan ser enfrentados. La única manera de avanzar más allá de las sensaciones de dolor es caminar a través de ellas. Usted querrá encontrar una persona "segura" que se siente con usted en su dolor, y que no trate de retirarlo de ahí. El caminará con usted en su dolor, y no intentará quitárselo, lo acompañará en su camino de sufrimiento, no le dirá que necesita ser fuerte, ni lo animará a mantenerse ocupado. Si cae en el instinto natural de tratar de eliminar el dolor, lo más probable es que le quite la oportunidad real para sanar. Además, él le estará enviando el mensaje (subconscientemente) de que sentir dolor está mal, y que si usted va a hacerlo, estar cerca de él no es un lugar seguro para hacerlo.

Encuentre a Alguien Que le Permita Llorar

Siguiéndole de cerca a "encuentre alguien que le permita expresar su dolor" esta "encuentre alguien que le permita llorar". Ya dijimos que el llanto es una salida saludable para nuestro dolor; es una forma de duelo. (Una vez más, el instinto natural de familiares y amigos, es intentar que el que llora se sienta mejor. Corren para darle un abrazo y le entregan un pañuelo. Hay veces que estos gestos son apreciados por usted, sin embargo, a veces el mensaje recibido es: "Deja las lágrimas. Es hora de dejar de llorar". ¡Ese no es el tipo de persona que usted desea tener cerca!) Usted desea encontrar una persona "segura" que de alguna manera le transmita el sentimiento: "Amo tus lágrimas. Llora si así lo deseas". Y cuando usted haya dejado de llorar y otra vez sea capaz de hablar, usted desea a alguien que diga algo como: "Háblame de tus lágrimas ..." ¡Esta es una persona "segura"!

Encuentre a Alguien Que le Permita Sentir Todo lo Que Desee Sentir

Un entorno seguro es un lugar donde usted pueda sentir lo que desee sentir sin que le digan que no debería sentirse así, o que tiene que superarlo o lidiar con ello, o que lo que está sintiendo no es un sentimiento muy piadoso, o que tiene que dejar de hacerlo porque no es un buen testimonio para los demás. Estos son comentarios que escucho todo el tiempo, y el resultado es siempre el mismo: usted aprende que "este no es un lugar seguro, en donde yo pueda abrirme con confianza y ser real".

Cuando usted está en duelo tiene emociones intensas y necesita un lugar seguro para desahogarse. La ira que pueda sentir (que es su forma de protesta, de decir: "¡Esto es no lo que yo quería que pasara!") podría ser dirigida hacia un médico, hacia su ser querido, hacia Dios o incluso hacia su familia o amigos.

Era el coach de fin de vida de un hombre que estaba

muriendo. Durante una de mis visitas, su esposa me dijo: "Tiene que decirle a John que debe sentirse mejor, debe rezar para que Dios no se lo lleve, no quiero perder a mi marido". Más tarde recibí la noticia de que John había muerto, y me pidieron que fuera a la casa. Cuando llegué, la esposa corrió hacia mí y literalmente empezó a golpearme mientras gritaba: "No hizo tu trabajo, debería haberle dicho que se mantuviera vivo". No estaba realmente enojada conmigo, pero había mucha rabia dentro de ella y debía salir, y ese era un entorno seguro, donde ella podía hacerlo. En los meses siguientes, fui capaz de caminar el viaje del duelo con ella, y ella se sentía segura siendo ella misma.

A continuación hay algunas cosas que debe recordar acerca de las emociones, especialmente en lo que concierne al duelo:

- Usted no es sus emociones. Sus emociones y sentimientos vienen y van.

- Los sentimientos no son buenos ni malos, simplemente son.

- Está bien sentirse triste y llorar. Jesucristo lloró cuando Su amigo murió (Juan 11:35).

- Está bien sentir rabia, muchos de los profetas de la Biblia, e incluso Jesucristo, sintieron rabia.

- Está bien sentirse feliz, reír y divertirse. No puede estar triste todo el tiempo, y a veces necesita olvidarse del duelo y divertirse con sus amigos.

- Está bien sentirse culpable. Usted puede haber tenido una pelea con la persona que murió o incluso puede haberle hasta deseado la muerte, pero su deseo no puede matar a nadie. Tal vez desearía haber pasado más tiempo con la persona o haber hecho algo que le pidió. Si tiene dificultades para manejar los sentimientos de este tipo, hable con su coach o intente escribir una carta a la persona fallecida.

- Es normal sentir miedo. Puede tener miedo porque no está seguro de quién se ocupará de usted ahora o de dónde provendrá el dinero, o si tendrá suficiente dinero para ropa o comida. Siéntese con su coach o con un amigo de confianza y discuta sus preocupaciones.

- Está bien sentir estas emociones, Dios construyó nuestros cuerpos de manera que soportaran el estrés.

- Usted puede sentirse aliviado de la muerte de su ser querido después de una enfermedad muy larga o de otra situación difícil. Este sentimiento puede ser difícil de admitir, pero es normal.

- Está bien si se siente desorganizado o siente pánico, incluso puede experimentar ataques de ansiedad. Usualmente, estos son eventuales, pero muy incómodos.

- Está bien no sentir nada. Usted puede salir con amigos, reír y divertirse después de haberse enterado de la muerte de alguien. Es la forma en la que su propio organismo se protege de una gran conmoción.

Encuentre a Alguien que le Permita Decir lo que Quiera Decir

Debido a las intensas emociones, las personas en duelo a veces dicen cosas que normalmente no serían aceptables, usted puede verbalizar extrema ira hacia otras personas o hacia Dios. En situaciones normales, a una persona que hace eso se le pediría que "cuidara sus palabras" o que "no hablara así". Sin embargo, cuando usted está en el proceso de duelo, desea encontrar una persona que le escuche con detenimiento, animándole a que comparta más. Esto le permitirá liberar lo que está sintiendo. Esta situación, no sólo es aceptable, sino además es saludable.

Cuando está atravesando un duelo usted podrá decir que no tienen ningún deseo de seguir adelante, que la vida ahora no tiene sentido o que desea que su vida termine. (En una situación normal, la persona que dice estas palabras necesitaría ser colocada en un grupo de observación de suicidio, y sería necesario buscar inmediatamente ayuda profesional. Sin embargo, la mayoría de las personas en duelo que dicen estas palabras no tiene intención alguna de suicidarse. Simplemente están diciendo, "Así de doloroso es este proceso", y "Así es lo mucho que voy a extrañar mi ser querido". Aun así, ellos necesitan ser cuestionados, para asegurarse de que no tienen planes de hacerse daño a sí mismos. Las conversaciones de suicidio siempre deben ser tomadas en serio). Sin embargo, lo que usted más necesita, es saber que está en un entorno lo suficientemente seguro para compartir incluso este profundo dolor y sentimiento. Deseará encontrar alguien que pueda responderle diciéndole algo como: "Parece que está sufriendo, cuénteme más sobre el dolor que está sintiendo", o "El hacerse daño a usted mismo no es un comportamiento aceptable, pero seguramente la cantidad de dolor que usted está sintiendo es tan grande, que le hace decir estas cosas. Comparta conmigo más de lo que está sintiendo usted ahora".

En su duelo, usted no necesita alguien que corrija las cosas que dice, ni necesita a alguien que intente cambiar su pensamiento para hacerlo más positivo. Necesita a alguien que se siente con usted y le permita decir todo lo que necesite decir mientras procesa las muchas emociones que está experimentando.

Hay momentos cuando usted no querrá decir nada. No permita que le presionen; recuerde que usted está a cargo. Encuentre a alguien que se sienta confortable simplemente sentándose con usted, alguien que pueda darle momentos de silencio puede ser un regalo, ya que el duelo requiere períodos de silencio y soledad. Muchos de los que no entienden el viaje del dolor (o desean intervenir y "componerlo") no permitirán este silencio tan necesario. El misterio del duelo es tal que generalmente las palabras resultan inadecuadas. El silencio ayuda a crear un entorno seguro para usted, en su duelo.

Encuentre Alguien que le Permita Hacer lo que Quiera Hacer

Teniendo en cuenta la salvedad mencionada anteriormente respecto a referir al paciente a un especialista de salud mental si procediera, el siguiente paso en esta evolución es encontrar a alguien que le permita hacer lo que usted desee hacer.

Un veterano miembro de mi iglesia falleció recientemente. Su esposa, Mary, una devota cristiana, estaba sufriendo apropiadamente, Estaba llorando y en luto por su pérdida, estaba sola y extrañaba a su marido terriblemente. Un par de semanas después del fallecimiento, algunos de sus amigos vinieron a mí, preocupados por ella. María les dijo que ya no quería ir a la iglesia, que sentía mucho dolor y que sólo quería quedarse en casa. Les pregunté qué le habían dicho, a lo que respondieron que "no tenía permitido quedarse en casa, que necesitaba estar en la iglesia y rodeada de otras personas". Pero las cosas sólo empeoraron, porque Mary amenazó con quedarse en casa todo el tiempo. Sus amigos me pidieron hablar con ella y convencerla de que debía seguir asistiendo a la iglesia. Les dije que hablaría con ella, pero que le iba a dar permiso para quedarse en casa, y que necesitaban darle el mismo permiso. María se quedó en casa dos domingos y luego regresó, diciendo que era en la iglesia en donde quería estar. Ella necesitaba descubrirlo por ella misma, y la única manera en la que podía hacerlo, era teniendo la libertad de quedarse en casa.

Algunos regalarán la ropa de sus seres queridos enseguida, mientras que otros esperarán mucho tiempo para hacerlo. ¡Ninguna opción es correcta o equivocada! Algunos asistirán a un grupo de apoyo, mientras que otros pasarán largos periodos de tiempo a solas. Algunos visitarán a su doctor para obtener medicamentos para ayudarles a enfrentar su dolor, mientras que otros se negarán a recibir cualquier tipo de medicación. Mientras que usted esté haciendo su trabajo de duelo, necesita que se le permita hacerlo a su manera, y que haga lo que quiera hacer. La persona que le permita elegir su propio camino, apoyándolo dondequiera que esté, le proporcionará un entorno seguro.

Encuentre Alguien Que No Trate de Componerlo

Lo he dicho desde el principio, pero lo digo otra vez. Cuando usted está en medio del duelo no necesita ser reparado o compuesto. Cuanto más esté experimentando su duelo y dejando salir su dolor, especialmente al principio, mejor estará. Lo que necesita, sin embargo, es un coach que camine el viaje con usted, pero para que él pueda hacer una diferencia, tiene que establecer un entorno seguro, en donde usted pueda comportarse abiertamente y enfrente al dolor a la cara.

2. Súbase a la Montaña Rusa y Sujétese con Fuerza

El segundo paso es subirse a la montaña rusa y sujetarse con fuerza.

No hay mejor imagen para describir el viaje del duelo que una montaña rusa. Hay momentos en los que se está en las alturas, seguidos inmediatamente por empinadas caídas hacia las emociones más profundas. Las subidas y bajadas siguen, a menudo a inesperados intervalos. El dolor no sigue una ruta directa, hay giros y de pronto la vida da vuelta por completo, repentinamente se detiene y luego empieza otra vez. Así se describe el viaje del duelo.

Después de darse permiso para subirse a la montaña rusa, la mayoría de ustedes necesita alguien que se suba a la montaña con usted. Ese alguien es la persona "segura" que describimos en el paso de acción No. 1. Muchos de nosotros no necesitamos a alguien que nos diga cuándo detenernos o bajarnos, no necesitamos a alguien que nos dé instrucciones de cómo sentarnos en ella ni que nos corrijan en cuanto a cómo podemos sujetarnos mejor; simplemente necesitamos a un acompañante para el camino.

Esto me fue ejemplificado claramente durante mis primeros años de ministerio pastoral. Algunos miembros de mi congregación murieron, ministré a estas familias y les ofrecí lo que yo pensaba que eran algunas instrucciones geniales y perspicaces para ayudarles a lidiar con su pena. (Ahora me doy cuenta que probablemente les molestaban muchísimo.) Luego recibí una llamada que me informó sobre la muerte de una adolescente. Fui a la casa y me se senté con la familia durante horas. Yo estaba tan consternado por lo sucedido, que no sabía qué decir. No di instrucciones, no aconsejé… simplemente me senté con la familia en silencio, llorando con ellos. Después de muchas horas, me levanté y fui. Me sentía como el peor pastor, el más ineficaz en el mundo y me fui a casa y me regañé a mí mismo, sintiéndome como un fracaso total. Pensé que le había sido totalmente inútil a esa familia. Sin embargo, a los varios días, me dijeron una y otra vez lo valiosa que había sido mi ayuda. No podían agradecerme suficiente el que les hubiera ministrado con tanta eficacia. Yo pensé: "¿¿¿Qué??? Yo no hice nada más que sentarme ahí con ellos". Eso era exactamente lo que necesitaban, no necesitaban mis sabias palabras de instrucción. Necesitaban que yo estuviera presente, que me subiera a la montaña rusa con ellos.

Amigos Esperados e Inesperados

A menudo resulta sorprendente para la persona en duelo

ver quién se sube a la montaña rusa con ellos y quién no. A menudo, aquellos a quienes ellos esperan ver a bordo de la montaña rusa ni siquiera se acercan a la venta de los boletos, y algunos de los que pensaban que nunca estarían presentes, se convierten sus compañeros más cercanos.

Comparto esto porque el tema de los amigos esperados e inesperados se convierte a menudo en un peso en el corazón de los que están en duelo. Duele cuando usted espera que sus amigos cercanos, de toda la vida, estén a su lado y le permitan compartir lo que sea que usted esté experimentando, y no lo hagan. Cae de sorpresa y no hace sentido. La inhabilidad de los amigos esperados para estar presentes puede ser una segunda razón de dolor, y se deberá trabajar con ello. No se angustie por sentirse decepcionado, ya que es un sentimiento común para muchas personas en duelo. Permítale salir a su dolor.

Acepte Sus Sentimientos

Una de las razones por la que los amigos y familiares se mantienen alejados de usted cuando se sube a la montaña rusa es porque no saben qué hacer. La mayor parte de las veces desearán hacerle sentir mejor (ellos creen que si le hacen sentir mejor, no se sentirán tan incómodos cuando estén junto a usted). Pero eso no es lo que usted necesita. Lo que le ayudará es aceptar los sentimientos que está experimentando. Hágase amigo de ellos, no un amigo eterno, pero si uno temporal.

Lo que acabo de describir es lo contrario de cómo reaccionamos habitualmente a las sensaciones dolorosas.

Si accidentalmente toqué una estufa caliente con mi mano, rápidamente la retiro, eliminando todas las posibles sensaciones dolorosas. En este caso, generalmente es mejor experimentar todo el calor de estas emociones.

En el capítulo dos exploré 10 de los mitos comunes sobre el duelo. ¿Recuerda el primer mito? "El duelo y el dolor son la misma experiencia". El dolor es lo que se siente en el interior después de que un ser querido ha fallecido. Son todos los pensamientos internos y sentimientos sobre la pérdida. El duelo es la expresión externa de esa pena. La expresión externa y visible de lo que se experimenta en el interior.

Si no nos convertimos en un amigo temporal de esos sentimientos, los experimentamos y los dejamos salir a través del duelo, ellos encontrarán su propio camino. Y cuando esos sentimientos de dolor salgan por su propia cuenta, no será nada agradable. Aflorarán como ira explosiva, depresión, enfermedad física o comportamiento arriesgado o inmoral.

Así que cuando muere un ser querido y vea la fila de la montaña rusa, no de la vuelta y corra. Al revés, móntese a la montaña rusa y sujétese bien fuerte.

3. Cuente Su Historia

El tercer paso es contar su historia. Una de las cosas más útiles que podemos hacer es contar nuestra historia, ya que es una de las maneras en las que soltamos nuestro dolor. La mayoría de los que nos encontramos en duelo amamos contar nuestra historia. Es parte del proceso, del camino hacia la sanación. Es una manera de reconocer la realidad de nuestra pérdida, nos permite admitir nuestras emociones y dolor y mirar hacia atrás para recordar y aferrarnos a las memorias. Es un maravilloso paso en nuestro proceso de ver hacia el futuro con la esperanza de descubrir un nuevo significado y propósito

Sin embargo, se nos dificulta contar nuestra historia porque no hay mucha gente que nos dé esa oportunidad. Contar nuestra historia lleva tiempo, y en nuestra trepidante sociedad, muchos no quieren renunciar a ese tiempo. Contar nuestra historia requiere de una persona con espíritu receptivo y que nos haga sentir "a salvo", y ya hablamos de lo difícil que es encontrar a esos individuos. Al contar nuestra historia, a veces abundamos acerca de los detalles minuciosos de nuestros seres queridos, su enfermedad y/o su muerte. A veces compartimos mucho más de lo que nuestros oyentes querrían escuchar, pero eso es lo que tenemos que hacer. Es un proceso normal en el duelo, sin embargo, debe saber que muchos se frustrarán con usted. La audiencia para nuestra historia requiere ser paciente, y puede que no tenga esta paciencia.

Incluso podríamos encontrarnos compartiendo la misma historia una y otra vez. Cada vez que la contamos, es como si fuera la primera vez. Repetir la historia es una forma de procesar y aceptar la muerte, es una manera de confirmar nuestra realidad, y no todos tienen la paciencia para escuchar una y otra vez la misma historia, eso es obvio. Esto afecta a nuestro proceso de duelo y bloquea nuestro progreso hacia la curación.

¿Quién será el individuo que le hará sentir "seguro" y estará dispuesto a escucharle? Tal vez sea un pariente, tal vez sea un amigo, o podría ser un pastor. Tal vez sea un miembro de su iglesia o alguien que frecuenta el mismo grupo de apoyo de duelo. Además, puede iniciar sesión en el sitio web de coachingatendoflife.com y contratar a un coach de fin de vida certificado; ellos están entrenados para escuchar su historia. Realmente no importa quién sea esa persona, pero es importante que tenga en mente que para avanzar en su viaje de dolor, su historia debe ser contada.

¿Qué habrá en sus historias?

Memorias

Una de las cosas que es probable que usted incluya en su historia son los recuerdos de tiempos pasados con su ser querido. ¿No está constantemente pensando en esos recuerdos? La mayoría de los que están en duelo tienen un suministro interminable de recuerdos ¡listos para ser compartidos!

Los recuerdos que tenemos son preciosos dones de Dios que nadie nos puede quitar, son nuestros, para guardarlos para siempre. Mantenemos vivos a nuestros seres queridos al compartirlos.

Relaciones

Muchos de nosotros también incluiremos en nuestras historias toda la información sobre la relación que compartimos con nuestro ser querido. Incluiremos las fortalezas de nuestra relación y las cosas que deseamos que hubieran sido diferentes. Este es nuestro intento de trabajar a través de nuestros sentimientos de culpa y lamento, para llegar a nuestra propia conclusión de que hicimos nuestro mejor esfuerzo, o nos concederemos el perdón, si es que creemos que hemos fallado. Todo esto se logra cuando compartimos nuestra historia. La única manera en la que muchos de nosotros podemos encontrar la paz es cuando logramos llegar a la resolución de estos temas por nuestra propia cuenta, por lo tanto, no necesitamos que estas personas que nos hacen sentir "seguros" comenten nada sobre nuestra relación. No estamos defectuosos ni rotos y no necesitamos ser arreglados. Definitivamente no necesitamos que quienes nos escuchan suavicen nuestras áreas débiles diciendo "Oh, no fue tan malo, lo hiciste bien". Sólo necesitamos que nos oigan y nos afirmen que hemos sido escuchados. Los necesitamos para andar el camino del duelo con nosotros.

Detalles

Probablemente usted comparta con gran detalle las circunstancias que rodearon la muerte, la enfermedad, la tragedia, lo que condujo a la muerte, el último día, la última hora, los últimos segundos y qué hizo usted durante este tiempo, lo que ocurrió inmediatamente después de la muerte, quién estaba presente, quién no estaba presente, las últimas palabras que dijo, las palabras pronunciadas por todos los demás en la habitación, en dónde está ahora su ser querido, y lo que él está experimentando. Cada detalle es necesario para que usted pueda aceptar la realidad de la muerte de su ser querido y se reconcilie con su propia vida. Hay una buena posibilidad de que repita estos detalles muchas veces, y eso está bien. Su historia es muy valiosa

Emociones

Parte de su historia es el relatar cómo se siente. Antes de que usted pueda trabajar a través de las muchas emociones que hay en la montaña rusa del duelo, tiene que estar consciente de lo que está experimentando. Contar su historia es una forma en la que usted puede identificar, etiquetar y normalizar la existencia de sus sentimientos y caminar a través de cada una de las emociones. La mayoría de los individuos en duelo tienen dentro de sí mismos todo lo que necesitan para trabajar a través de estas emociones y llegar a una resolución sobre ellos, pero necesitan una persona que los haga sentir "seguros" para que los ayude a avanzar en este proceso de descubrimiento.

Miedos Y Luchas

Muchos de nosotros nunca hemos experimentado una pérdida como ésta antes, y el caminar este territorio inexplorado es aterrador. No compartimos nuestros miedos sobre el futuro para que alguien los haga desaparecer, simplemente estamos buscando a alguien que nos escuche mientras compartimos. No compartimos nuestras luchas financieras, físicas o emocionales porque esperamos que la persona que nos hace sentir "seguros" los solucione, sólo queremos ser escuchados. El compartir nuestros temores y luchas es parte de nuestro duelo.

4. Sepa lo Que es Normal Durante el Duelo

Después de haber pasado años impartiendo coaching a los afligidos y cientos de horas guiando grupos de duelo, hay una pregunta que destaca entre todas las que me han hecho los que están en duelo. Esa pregunta es "¿Estoy enloqueciendo?" La segunda pregunta que más me hacen es "¿Soy normal?"

El viaje por el duelo puede ser tan radicalmente diferente de nuestras realidades cotidianas que a veces se siente más como si nos dejaran caer en la superficie de la luna, en vez de estar haciendo el recorrido en la tierra. Lo que es inusual en la vida suele ser habitual en el duelo, y debido a que vivimos en una cultura que no habla abiertamente de la muerte y el dolor, la mayoría de las personas que están en duelo no saben si lo que están experimentando es normal. De hecho, temen que sea justo lo contrario.

Por lo tanto, uno de los pasos más importantes y que más necesita alguien que desee ser su propio coach durante su duelo es comprender que esto por lo que están pasando es normal. Cuando su coach esté a su lado, el le recordará lo que resulta normal en el duelo, pero si no tiene un coach, o durante aquellos momentos en los que no está con él, le ayudará el saber lo que es normal.

Cada año llegan a mí docenas de coachees referidos por su médico. El doctor les dice que necesitan terapia porque su dolor está afectando su comportamiento cotidiano y su salud en general. Nueve de cada diez veces, estos individuos no necesitan un psicólogo, necesitan un coach de duelo para que camine a su lado. Hay un asunto primordial que necesitan aprender: necesitan que se les diga que lo que están experimentando es normal, que no se están volviendo locos. El escuchar y entender esas simples palabras les permite irse de mi oficina sintiéndose como una persona nueva. Ahora, en lugar de entrar en pánico al pensar que algo anda muy mal, se sienten libres para hacer el trabajo de duelo, con el apoyo de un coach que caminará el viaje con ellos

La International Coach Federation enlista los "Top Diez Indicadores para que usted consulte a un Profesional de la Salud Mental", y aquí los compartimos con usted:

Su cliente …

1. Muestra una disminución en su capacidad de experimentar placer o un aumento de su tristeza y desesperanza.

2. Tiene pensamientos intrusivos o es incapaz de concentrarse o enfocarse.

3. Es incapaz de dormir o se despierta durante la noche y no puede volverse a dormir, o duerme demasiado.

4. Tiene un cambio en su apetito: disminución o aumento.

5. Se siente culpable porque otros han sufrido o muerto. Se siente culpable porque está vivo o no ha sido herido.

6. Tiene sentimientos de desesperación o desesperanza.

7. Esté híper alerta o excesivamente cansado.

8. Su irritabilidad ha aumentado o está experimentando arrebatos de ira.

9.   Tiene un comportamiento impulsivo y riesgoso.

10. Ha tenido pensamientos de muerte y/o suicidio.

Preparado por: Lynn F. Meinke, MA, RN, CLC, CSLC, Coach de Vida

Cuando usted exhiba cualquiera de estos comportamientos, y especialmente si exhibe varios de estos comportamientos al mismo tiempo, es una indicación de que algo anda mal, y deberá consultar a un profesional de la salud mental. Sin embargo, estos diez comportamientos son absolutamente normales para alguien que está en duelo, y no es de extrañar de que por momentos usted crea que se está volviendo loco.

El dolor no sólo es emocional, también es físico. En los mitos del dolor enumerados anteriormente, el mito #6 era: "La pena no es más que una reacción emocional". Aquellos que creen este mito y luego experimentan los síntomas físicos normales del dolor, creen que se están volviendo locos.

La realidad es que el duelo es un trabajo duro. Es agotador a nivel físico y mental y espiritualmente desafiante. No puedo pensar en ningún otro trabajo que haya hecho que se pueda compararse con esta intensidad o con su impacto. El agotamiento del duelo es similar a un entrenamiento físico pesado.

A continuación se muestran algunos "síntomas" de duelo que a veces son diagnosticados erróneamente como un problema estrictamente físico:

- Dolor de pecho o falta de aliento

- Mareos o dolores de cabeza

- Fatiga

- No poder conciliar el sueño o dormir todo el tiempo

- Pérdida del deseo sexual o incremento exagerado del mismo

- Pérdida o ganancia de peso

- Aumento de las reacciones alérgicas

- Hipersensibilidad al sonido

- Actividades sin sentido o Hiperactividad

- Temblores o debilidad de los músculos

- Suspiros o sollozos incontrolables

- Varios síntomas gastrointestinales: boca seca, sentimiento de un "nudo en la garganta", sensación de vacío en el estómago, nausea , vómito, estreñimiento, o diarrea

Cualquiera de estos síntomas puede ser una parte normal del proceso de duelo. Si persisten o se convierten en malestares incómodos, usted deberá hacer una cita con su médico y decirle que ha experimentado una pérdida importante recientemente.

Algunas personas sienten los mismos síntomas físicos del ser querido que murió, lo cual también les hace pensar que se están volviendo locos. Por ejemplo, si su ser querido murió de un tumor cerebral, usted tendrá dolores de cabeza más frecuentes; Si fallecieron de un ataque al corazón, puede tener dolores en el pecho. A veces esto se convierte en una forma inconsciente de identificación y de sentirse cerca de esa persona, y es otra de las formas en la que nuestros cuerpos pueden responder a nuestra pérdida.

La persona en duelo con frecuencia no se siente en control de cómo está respondiendo su cuerpo. Esto no es un signo de locura. En la mayoría de los casos, los síntomas físicos descritos anteriormente son normales y temporales.

En cuanto a su dolor, el problema para algunas personas es espiritual. "¿Es normal que una persona que cree en Dios sufra?" preguntan. "¿No habla la Biblia mal de aquellos que sufren dolor emocional?" Cuando luche con esta pregunta, reflexione en las siguientes Escrituras:

- Bienaventurados los que lloran, porque ellos serán consolados (Mateo 5:4).

- El Señor está cerca de los quebrantados de corazón y salva a los contritos de espíritu. (Salmo 34:18).

- Entonces las vírgenes se alegrarán en la danza, los jóvenes y los viejos juntamente; y cambiaré su lloro en gozo, y los consolaré, y los alegraré de su dolor (Jeremías 31:13).

- Dios dolió en su corazón (Génesis 6:6).

- Venid a mí todos los que estáis trabajados y cargados, y yo os haré descansar (Mateo 11:28 30).

Muchos de los que están caminando a través del duelo no entienden todo esto. Están exhibiendo un comportamiento normal ¡y no lo saben! Quien desee ser su propio coach a través del duelo hará bien en mantener este paso de acción en mente.

5. Tómese Tanto Tiempo como Necesite

La trepidante sociedad de hoy alienta e incluso exige que vivamos eficientemente. La tecnología moderna nos permite, en un proverbial abrir y cerrar de ojos, completar las tareas que le llevaban a las generaciones anteriores días o incluso semanas. Desafortunadamente, esto le ha dado a nuestra generación una "mentalidad de microondas", queremos lo que queremos, ¡y lo queremos ahora! Mire a su alrededor, hay un servicio rápido, rapidísimo, instantáneo y súper rápido para casi cualquier cosa que se le ocurra, incluyendo café, comida rápida, chequeos médicos y cambios de aceite. Nuestra sociedad ha olvidado que la calidad toma tiempo. Nos hemos vuelto impacientes, usted lo ha visto: el tipo que golpea repetidamente el botón del ascensor porque cree que hará que así éste llegue más rápido.

Muchos toman esta mentalidad de microondas y la aplican al viaje del duelo; quieren que sea rápido, quieren terminar de una vez con el asunto y así poder seguir adelante con su vida. Mientras escribía estas palabras, recibí una llamada telefónica de un hombre que era parte de mi programa de Seguimiento de Duelo en el Hospicio. Su padre había muerto hacía tres meses y, según la práctica, yo les doy seguimiento a los deudos a través de tarjetas, cartas, un boletín mensual, llamadas telefónicas, etc. Este hombre llamó para pedir que lo retirara de la lista de correo. Sus palabras exactas fueron: "Tienen que quitarme de la lista, ya han pasado tres meses. Es suficiente tiempo y preferiría que ya no me lo recordaran. Me gustaría seguir adelante con mi vida". Cumplí la petición de este hombre, pero estaba preocupado por él. El viaje del duelo no se puede apresurar, y es importante recordar esto cuando tratamos de apresurarnos y acelerar nuestro duelo.

En mi experiencia, no es la persona que está en duelo la que trata de apresurar su dolor, sino los que están alrededor de él. Las personas que no han experimentado una pérdida importante tienen una mayor probabilidad de caer en la mentalidad de microondas. Esperan que logre "superarlo" rápidamente y le presionarán para que lo haga. Una de las frases más dolorosas, pero aun así más frecuentemente dichas a una persona en duelo es, "¿Aún no lo supera?"

Usted debe estar consciente de ello y debe esperar que lo hagan, y cuando suceda, no les escuche. El viaje del duelo es cualquier cosa, menos un viaje rápido. Para la mayoría de la gente, es un viaje lento que nunca termina, ya que nosotros nunca olvidaremos. (Esta es una persona a la que hemos amado. ¡No queremos olvidarla!) La mayoría de nosotros continuaremos llorando por el resto de nuestras vidas, sin embargo nuestro dolor no deberá continuar con la misma intensidad. Debemos aprender a integrar este dolor en nuestra vida con la aceptación de que seguirá estando presente y, a veces, será doloroso.

No hay ningún límite de tiempo para superar el dolor, sin embargo, hay períodos de tiempo que son más difíciles que otros y usted deberá estar consciente de ello.

El Primer Año

Todo el primer año del viaje de duelo es difícil. Cuando un ser querido muere, no solo necesitará acostumbrarse a su ausencia física, sino que además experimentará muchas "primeras veces" a lo largo de este año. Será la primera Navidad sin su ser querido; el primer cumpleaños sin el ser querido; la primera vez que algo se descompone en la casa y el ser querido no está; la primera vez que usted se enferma y el ser querido no está; el primer evento familiar que debe ser atendido sin ellos; etc. Cada vez que experimenta uno de estos "primeros", es como si su ser querido muriera otra vez; le golpeará una fuerte ola de sentimientos de dolor y pérdida.

Este durante este primer año, más que en cualquier otro momento, que usted necesitará que su coach de duelo camine junto a usted. Y cuando su coach no esté presente, recuerde estos principios de coaching.

Existen algunos eventos específicos durante el primer año que son típicamente los más dolorosos:

Las Primeras Semanas

Las semanas iniciales tras la muerte de un ser querido resultan, para muchos, una confusión total. Está la planificación de y la realización del servicio funeral y el entierro. Saludar a toda la gente que le acompañe puede ser maravilloso, pero también es agotador y doloroso. Tan difícil como eso haya sido, sólo empeorará. Los amigos y simpatizantes vuelven a sus casas, y la vida vuelva a la normalidad rápidamente para todos los demás. Sin embargo, para usted, el duelo apenas ha comenzado. Además, hay mucho más trabajo por hacer, asuntos que necesitan resolverse rápida y eficientemente, y al mismo tiempo, el dolor está demandando atención, y está empezando a darse cuenta de que un cambio profundo y permanente ha ocurrido en su vida. Las personas en duelo también están comenzando a darse cuenta que además de la pérdida principal de su ser querido, muchas pérdidas secundarias (ver capítulo 4) también están siendo experimentadas y están complicando el proceso.

Los Tres Meses

El plazo de tres meses es a menudo difícil para las personas en duelo, el dolor y todas las emociones que lo acompañan parecen intensificarse. Generalmente no tienen idea de por qué, pero lo experimentan. Lo que sucede a menudo en esta época es que el shock, la incredulidad y la negación están empezando a desaparecer, y usted está empezando a enfrentarse a la realidad de la muerte de su ser querido. Muchos de sus amigos y familiares han continuado con sus vidas, y en vez de darle su apoyo, ahora lo apresuran a liberarse del dolor de lo que ha sucedido. Cuando usted se percata de que aún no "lo supera", siente vergüenza y se pregunta si hay algo malo con usted, y esto añade peso al dolor y lo complica. Las emociones son a menudo extremas en este momento, pero son totalmente normales. Encuentre su "lugar seguro" para experimentar su duelo, para dejar que esos sentimientos afloren una y otra vez, si eso es lo que necesita.

El Aniversario de la Muerte

La mayoría de la gente no necesita un recordatorio del primer aniversario del fallecimiento de su ser querido, la intensidad del duelo viene acompañada de un dolor casi tan intenso como los sentimientos de pérdida iniciales. La anticipación de la fecha de aniversario puede ser tan malo o peor que el aniversario en sí mismo.

Le animo a planificar con antelación cómo quiere pasar el día del aniversario. No hay nada peor que despertar ese día y no tener idea de cómo llenar el vacío. (Elegir no hacer nada está bien, siempre y cuando esto sea lo que quiere hacer, pero deberá ser una decisión consiente). Algunas personas eligen honrar a su ser querido de alguna manera especial ese día. Podría ser un día para que, con lágrimas en los ojos, usted cuente la historia de su ser querido otra vez, que comparta cómo honra su memoria y la relación que tenía con él. Puede ser un día en el que desee visitar la tumba o un lugar que les gustara a ambos, o quizá quiera hacer una donación a una causa que el apoyara. Elija hacer (o no hacer) algo significativo para usted.

El aniversario puede influir de una manera positiva a que el proceso de sanidad sea aun mayor. Reflexionando acerca de cómo has podido sobrevivir durante ese primer año, quizás te hayas dado cuenta del crecimiento que has obtenido mientras vives una "nueva norma de vida". Debes de darte crédito al poder llegar a este punto.

Días Festivos y Fechas Especiales

Las fiestas, cumpleaños, aniversarios de boda y otros días especiales pueden ser agonizantes para las personas en duelo. Enfrentar estas fechas puede resultar agobiante. Las fechas familiares, más que cualquier otra, pueden significar "reuniones", y es en estos momentos cuando usted estará consciente del vacío en su vida. Es difícil estar festivo y alegre cuando creyó que pasaría toda su vida con una persona que ya no está a su lado. Es doloroso encontrar el regalo perfecto y darse cuenta de que la persona ya no está viva para recibirlo, los sonidos, imágenes y olores que se desenvolverán a su alrededor durante los próximos aniversarios desencadenarán recuerdos de su ser querido. Para algunos, es casi imposible sonreír y celebrar un día especial cuando su corazón está hecho trizas, porque la vida como la conocían ha cambiado, y hay ajustes que deben hacerse. Puede ser una oportunidad para reevaluar la forma en la que usted celebra los días especiales, las viejas tradiciones pueden ser modificadas y pueden establecerse nuevas. Puede que haya muchas cosas que usted desee hacer en preparación a las fechas venideras.

Hay artículos y libros enteros escritos sobre este tema que pueden proporcionar conocimientos útiles y sugerencias para sobrevivir estos días. Usted deberá estar consciente de las posibles dificultades que estos días pueden traer.

A diferencia de las tiernas escenas de las tarjetas de Navidad que enviamos, la primera Navidad que hubo fue complicada y dolorosa. Piense en la confundida madre adolescente que dio a luz a su primer hijo lejos de casa, al lado de ruidosos animales, en un establo maloliente. Piense en el Padre que amó tanto a la gente que entregó a su único hijo a la pobreza, el dolor, el peligro y la muerte. Recuerde que no todos estaban encantados con la noticia de la venida del esperado Mesías, se sentían amenazados y Herodes ordenó una masacre contra los niños menores de dos años. Si escuchase atentamente los sonidos de la primera Navidad, podría oír amenazas de soldados, llantos de bebés y jóvenes madres llorando de desesperación. El dolor estuvo presente durante esa primera Navidad.

6. No permita que nadie le diga lo que tiene que hacer

Aunque existen aspectos del dolor que son similares en todos los ámbitos, la realidad es que su experiencia de dolor es única. Todo el mundo llora, pero nadie ha experimentado las mismas cosas que usted está atravesando. Su viaje de dolor es SU viaje. Como persona, es diferente a todos los demás, y su ser querido era único. La relación que compartían los dos, así como las circunstancias que rodearon su muerte son diferentes y únicas, y por lo tanto, no hay dos experiencias de dolor iguales.

Alan Wolfelt describe 12 áreas de en las que somos únicos y que hacen que el viaje de duelo de cada uno sea diferente. El las llama los "porqué" de su viaje de duelo. (Wolfelt 2003, 35-46):

Porqué #1: Su relación con la persona que falleció era diferente a la relación de esa persona con otra persona. Mientras más fuerte su apego a la persona fallecida, más difícil será su viaje de duelo.

Porqué #2: Las circunstancias de la muerte, el cómo, por qué y cuando murió la persona puede tener un impacto definitivo en su viaje de duelo.

Porqué #3: Las decisiones que tome, relativas al ritual o funeral, pueden ayudar o dificultar su viaje de duelo.

Porqué #4: Las personas que usted tiene o no tiene en su vida para apoyarle a lo largo de su viaje harán una gran diferencia.

Porqué #5: Su personalidad única se reflejará en su duelo.

Porqué #6: La personalidad única de su ser querido fallecido, así como el papel que jugó en su vida, puede hacer una diferencia.

Porqué #7: Su género (femenino o masculino) afectará la manera en que sufre, así como la manera que otros responden a su dolor.

Porqué #8: Su bagaje cultural es una parte importante de cómo vive y expresa su dolor.

Porqué #9: Sus antecedentes religiosos o espirituales tendrán un impacto tremendo en su viaje a través del duelo.

Porqué #10: Otras crisis o tensiones en su vida que debe enfrentar al mismo tiempo que su pérdida, afectarán su experiencia de duelo.

Porqué #11: Sus experiencias de pérdida y muerte en el pasado harán una diferencia en su presente.

Porqué #12: Su salud física tiene un efecto significativo en su duelo.

USTED es el experto en SU viaje de duelo. No obstante, usted probablemente conocerá a muchos individuos que actúan como si ELLOS fueran los expertos en su viaje de duelo. Le dirán que usted debe hacer algo o actuar de cierta manera, porque eso es lo que funcionó para ellos. Escuche, en caso de que lo que tengan que decirle sea útil, pero no deje que le digan qué hacer. Usted es el experto respecto a lo que necesita, no ellos.

Allow me to take this a step further. It is important to Permítame ir un paso más allá. Es importante recordar que incluso cuando usted tiene un coach para que camine su viaje de duelo con usted, ellos tampoco son expertos. Incluso si es un coach de fin de vida certificado al que contactó en el sitio web coachingatendoflife.com, USTED seguirá siendo el experto cuando se trate de su experiencia a través del viaje de duelo.

Una segunda manera en la que a veces permitimos que la gente nos diga qué hacer es cuando comparamos nuestro viaje de duelo con alguien más. Notamos que María ha "avanzado", y por lo tanto creemos que estamos mal ya que nosotros seguimos llorando mucho y todavía estamos profundamente hundidos en el dolor. Se nos dice que David todavía no sale de su casa, y entonces comenzamos a preguntarnos si tal vez cuando empezamos a salir a los restaurantes hemos comido demasiado rápido. Sus "12 porqués" son diferentes de los de María o David, y por lo tanto su experiencia será diferente. Sólo USTED es el experto en cuanto a lo que usted necesita. Tenga cuidado de compararse con otros.

7. Descubra su nuevo estado normal

"¡¿Aún no lo supera?! ¿No cree que ya es tiempo de que deje de llorar y regrese a la normalidad?"

Muchos comparan el duelo con un resfriado o una gripa. Usted está enfermo por un tiempo, pero luego lo supera y vuelve a la normalidad. Desafortunadamente, esa no es la manera en la que el duelo funciona. Una ilustración mucho más clara de lo que es el duelo es el compararlo con alguien a quien le han amputado su pierna. La pierna está perdida, no volverá nunca, y debido a esta amputación, la vida de esta persona se verá afectada para siempre. Con mucho trabajo, el amputado podrá vivir una vida plena otra vez, puede obtener una prótesis y aprender a caminar nuevamente. Sin embargo, siempre caminará cojeando. Nunca se olvidará de su "pérdida", su vida nunca será la misma, tal y como lo era antes de su amputación, y jamás conseguirá volver a la "normalidad". El deberá crear un nuevo estado normal.

Algunas áreas en las que puede estar buscando su nueva normalidad son:

Una Nueva Identidad

La pérdida de una persona importante significa adquirir una nueva identidad. Usted nunca será el mismo que era antes de que muriera su ser querido, esa parte de su vida se ha ido. Cuando muere alguien con quien uno tiene una relación, su identidad, o la forma en la que se ve, cambia totalmente.

Escuche cómo se presenta la gente: "Yo soy la esposa de John", "Yo soy el hijo de María", "Yo soy hija de Tim", "Yo soy el padre de Johnny". Cuando muere esa persona a través de la cual nos describimos a nosotros mismos, ¿en qué nos convertimos? Eso es algo que usted tendrá que averiguar. Está en busca de su nueva normalidad, y el caminar a través de este proceso (a menudo, un proceso largo, lento y doloroso) es una parte de la formación de su nueva visión para el futuro.

Una Nueva Relación con la Persona que Falleció

El objetivo no es que usted olvide a su ser querido. Formar una nueva identidad no significa hacer caso omiso de la otra. Por el contrario, el objetivo es que usted cambie su relación con el difunto de una presencia física a una de memoria. Cuando una persona muere, los familiares y amigos están inundados con sus recuerdos, con las memorias de quién era esa persona, las cosas que hicieron juntos, los momentos graciosos que compartieron, las experiencias tristes o dolorosas, las lecciones que aprendieron y mucho más. Regularmente les recuerdo a quienes están en duelo que esos recuerdos son preciosos dones de Dios que nadie les puede quitar, y que son suyos para siempre. Sin embargo, los animo a no aferrarse a ellos. Por el contrario, los invito a compartirlos con otras personas y les animo a mantener a su ser querido vivo a través del intercambio de esos recuerdos.

Un Nuevo Grupo de Amigos

Otro aspecto en el que usted buscará su nuevo estado normal podará incluir el buscar nuevos amigos con quienes pasar el tiempo. Si su cónyuge ha muerto, y ustedes pasaban la mayor parte de su tiempo con otras parejas, es probable que no se sienta cómodo en este mismo grupo. Una viuda o un viudo pueden sentirse fuera de lugar con un grupo de personas casadas.

Usted también se dará cuenta de que no todos le apoyarán en su dolor. El Dr. Alan D. Wolfelt habla a menudo de la regla de los tercios (Wolfet 2003, 127-8). Un tercio de las personas que se relacionan con usted serán apoyos, serán personas "seguras" con las que podrá compartir y le animarán a realizar su trabajo de duelo. Otro tercio de las personas en su vida resultarán neutrales en su respuesta al dolor, ni le ayudarán ni le impedirán su viaje. El último tercio de la gente en su vida será perjudicial en su esfuerzo por realizar un duelo sano, lo juzgarán e intentarán conseguir que deje el duelo, y no estarán interesados en escuchar su historia.

Un Nuevo Sentido de Propósito

Cuando alguien a quien amamos muere, es normal que cuestionemos el significado y propósito en la vida. Usted puede sentir que cuando un ser querido muere, también muere una parte de usted. Es posible que se pregunte qué razón hay para seguir viviendo.

Tal vez usted era el cuidador de su esposa, se levantaba todos los días y trabajaba duro para servirla y cuidarla, había hecho una diferencia en su vida y sabía que ella dependía de usted. Con amor, le dio de todo para satisfacer sus necesidades, y ahora que ella ha muerto. ¿Qué razón tiene ahora para levantarse de la cama? ¿Hay algún propósito para su vida? ¿Tiene su existencia actual algún significado?

Cualquiera que sea su situación, su pérdida le obligará a buscar un nuevo estado de normalidad y un nuevo sentido de propósito.

Una Renovada Relación con Dios

"¿Por qué murió mi ser querido?" "¿Cómo puede Dios permitir que pase esto?" Estas son preguntas normales cuando un ser querido muere. Algunas de las personas en duelo se acercan a Dios como una manera de buscar ayuda después de su pérdida, mientras que otros experimentan momentos de duda y cuestionan su existencia. Ambas respuestas son un medio de buscar un nuevo sentido de significado, este cuestionamiento es normal y es parte de la búsqueda de un nuevo estado de normalidad.

Descubrir un nuevo estado de normalidad no es fácil, pero es esencial para avanzar en su duelo.

8. Celebre Su Crecimiento

El viaje a través del duelo cambia la vida. Nadie elige experimentar el dolor, casi siempre es no deseado y no planificado, sin embargo, para muchos, el viaje del duelo es una maravillosa experiencia de crecimiento.

El crecimiento a través del dolor viene en muchas formas. Algunos se tornan más sensibles hacia las personas que están pasando por dificultades, otros aprenden a conocerse mejor a sí mismos, son capaces de lograr cosas que nunca creyeron posibles y pueden avanzar en la vida con mayor confianza. Algunos otros salen de su viaje de duelo con el compromiso de devolver lo que otros les han dado a ellos: deciden ser voluntarios en un hospicio, visitar a los enfermos de su iglesia o buscan a aquellos que están sufriendo una pérdida.

Algunos aprenden a apreciar cada momento de cada día y se dan cuenta del regalo que es la vida, viviendo intensamente, momento a momento. Otros crecen en su relación con Dios, se involucran más en su iglesia y se comprometen a servir o a compartir su fe más diligentemente. Las posibilidades son innumerables.

El octavo paso de acción es que usted reconozca este crecimiento. Nota: Esto no ocurre inmediatamente. Usted puede incluso sentirse molesto al leer este paso. Usted no puede imaginar que nada bueno pueda salir de su pérdida, y eso está bien. Esos sentimientos son normales y comunes, así que sea honesto con ellos. Sin embargo, esté consciente de que más adelante muchas personas se dan cuenta de que aprendieron una gran cantidad de cosas en el camino, a pesar de desear que su ser querido nunca hubiera muerto, ellos admiten que el duelo les ha hecho mejores personas.

Cuando lleges a ese preciso momento, no olvides celebrar cuánto has crecido.

Capítulo Cuatro

Lidiando con las Pérdidas de la Vida

A lo largo de este libro, mi enfoque ha estado centrado en las personas que han sufrido la muerte de un ser querido. Sin embargo, los principios aprendidos aquí son aplicables a aquellos que están lidiando con todos los tipos de pérdidas de la vida.

La pérdida es uno de nuestros constantes compañeros durante toda la vida. Para muchos, la PERDIDA es una palabra de 7 letras, ofensiva, una grosería que no debe ser mencionada. Pero para la mayoría de nosotros, casi siempre está ahí, aun cuando no la mencionemos. Cada uno de nosotros enfrenta a problemas de pérdida todo el tiempo.

Desde el momento en que somos concebidos, nuestras vidas atraviesan una serie de transiciones:

• Nos deslizamos del vientre oscuro y acogedor hacia el brillante mundo frío, una impactante transición.

• Nos alimentamos del pecho y luego somos destetados.

53

- Nos adherimos a nuestros padres y luego nos vemos obligados a separarnos de ellos cuando iniciamos el preescolar o vamos a la guardería.

- Se nos caen los dientes de leche.

- Hacemos amigos y los perdemos.

- Puede que nuestros padres se divorcien.

- A veces nos mudamos de vecindario, o incluso de ciudad.

- Nos vamos de la casa para irnos a estudiar.

- Mueren nuestras mascotas.

- Nuestro mejor amigo se muda a vivir a otro lugar.

- Nuestro novio o novia deciden que ya no quieren estar con nosotros.

- Conseguimos un trabajo y luego lo perdemos.

- Muere alguien a quien amamos.

- Nos enteramos de que nosotros mismos estamos muriendo

(Adaptado de *Living in the Shadow of the Ghosts of Grief*, Wolfelt 2007, pp. 13-14.) (*Viviendo a la Sombra del Fantasma del Duelo*, Wolfelt 2007, pp 13-14.)

Podríamos seguir y seguir. La vida está llena de transiciones y pérdidas.

A nadie le gusta perder. Se supone que la vida tiene que estar llena de ganadores nada más. Observe los encabezados de las páginas de deportes.

Perder duele, causa dolor y duele aún más porque no se nos ha enseñado a esperar que las pérdidas sean parte de la vida, ni nos han enseñado cómo manejarlas.

Queremos ser ganadores, queremos éxito, queremos estar en control de nuestras vidas y construimos muros que nos rodean con letreros que dicen: "Pérdidas: ¡No se les permite el ingreso!" Si ocurren, nos sentimos violados, decimos que algo está mal y nos enojamos con Dios. Pero el problema es que siguen ocurriendo, no podemos alejarnos de ellas.

Tenemos buenas razones para que no nos gusten las pérdidas. Demasiado a menudo, a una persona que ha sufrido una pérdida se le culpa por ello:

- Ella no debe haber sido una buena esposa para él que la dejara.

- Fallaron como padres. De lo contrario, ese niño se habría quedado en la iglesia y no se habría involucrado con esa gente.

- Perdió su trabajo. Me pregunto qué habrá hecho.

- Si hubiesen vivido una vida piadosa, esto no les hubiera sucedido.

Las personas en la época de Jesús pensaban de la misma manera. En Juan 9:13 se nos dice:

> Mientras iba caminando, Jesús vio a un hombre ciego de nacimiento. Sus discípulos le preguntaron: "Rabí, ¿quién pecó? ¿Fue éste o sus padres, para que haya nacido ciego?" "Ni este hombre ni sus

padres pecaron", dijo Jesús. "Esto sucedió para que las obras de Dios puedan mostrarse en él".

Las pérdidas son parte de la vida. Eclesiásticos 3:1-4 dice:

Hay un tiempo para todo y una temporada para todas las actividades bajo el cielo: un tiempo para nacer y un tiempo para morir, un tiempo para plantar y un tiempo para cosechar, un tiempo para matar y un tiempo para curar, un tiempo de derribar y un tiempo para construir, un tiempo para llorar y un tiempo para reír, un tiempo para estar de luto y un tiempo para bailar.

Las pérdidas no son solo parte de la vida, también vienen en todos los tamaños y formas.

Algunas pérdidas las superamos en 24 horas, otras nos duran años y otras no las superamos nunca. El cómo responde usted a sus pérdidas, o lo que usted permita que las pérdidas hagan en usted, le afectará el resto de su vida. No puede evitar las pérdidas o ignorarlas, van a ser parte de nuestras vidas, las reconozcamos o no.

Las pérdidas no son el enemigo; como tampoco lo es el enfrentar su existencia. Desafortunadamente, muchos de nosotros nos hemos hecho más competentes en el desarrollo de la negación que en el de hacerles frente y aceptarlas.

La verdad es que las pérdidas no siempre son algo malo. De hecho, ¡pueden ser buenas! Con cada pérdida viene el potencial de cambio, crecimiento, nuevos conocimientos, comprensión y refinamiento, todas las palabras de esperanza. El problema es que suelen estar en el futuro, y somos incapaces de ver a lo lejos cuando estamos en medio de nuestro dolor.

La vida es una mezcla de pérdida y ganancia. Le daré algunos ejemplos:

- Un botón se pierde cuando se abre para convertirse en una hermosa rosa.

- Cuando una planta brota a través de la tierra, se pierde una semilla.

- Cuando era un niño, usted perdió los dientes de leche entre episodios de dolor y llanto, pero se perdieron con el fin de hacer espacio para los dientes permanentes. A veces estos también se pierden y son sustituidos por la dentadura postiza.

- Graduarse de la preparatoria produce una pérdida de estatus, amigos y familiaridad, pero la mayoría de nosotros no podía esperar a que sucediera, ya que significaba que podríamos encaminarnos a la vida adulta.

Los cambios usualmente incluyen algún tipo de pérdida de la forma en la que eran las cosas al principio.

En el nuevo testamento, el apóstol Pablo le dijo a los Efesios (4:22-24):

Con respecto a la vida que antes llevaban, se les enseñó que debían quitarse el ropaje de la vieja naturaleza, la cual está corrompida por los deseos engañosos; ser renovados en la actitud de su mente; y ponerse el ropaje de la nueva naturaleza, creada a imagen de Dios, en verdadera justicia y santidad."Algunas de las pérdidas de vida pueden ser obvias: perder a un ser querido por muerte o divorcio; el robo de un auto; el robo de una casa.

Algunos no son tan obvios: cambiar de trabajo, recibir una "B" en lugar de una "A" en un curso universitario, recibir menos de lo que esperábamos en un aumento de sueldo, una mudanza, una enfermedad (pérdida de la salud), un nuevo maestro en el medio de un semestre, un hijo o hija que se va a la escuela, la pérdida de un sueño o de una meta de vida. Todas estas son pérdidas, pero debido a que no son fácilmente reconocidas, no queremos identificarlas como tales, y por lo tanto, no gastamos tiempo y energía ocupándonos de ellas.

Muchas de las pérdidas de la vida se relacionan con el ir creciendo.

Los romances de la niñez y la adolescencia están llenos de pérdidas. Algunas suceden diariamente, incluso cada hora. El moverse de una escuela a otra, repetir un grado, abandonar la escuela, salir de casa para la Universidad, alejarse de la familia, incluso cuando lo hemos planeado. Estos cambios contienen pérdidas.

Cuando llega al mercado laboral las pérdidas se multiplican, cuando se empiezan a experimentar los rechazos. Alguien más obtiene la promoción, los negocios fallan, la economía se tambalea.

Hay pérdidas físicas; Irónicamente, una de las más importantes consiste ¡en el aumento de libras y pulgadas!

Perdemos nuestra juventud o belleza o el tono de la piel o del músculo o la forma de nuestro cuerpo.

En los años intermedios, las pérdidas se hacen más frecuentes y más negativas. ¿Quién se regocija sobre la pérdida del cabello, los dientes o los lentes bifocales? Generalmente no les llamamos experiencias de crecimiento. Las pérdidas parecen acumularse sobre más pérdidas. Tendemos a perder a más amigos a medida que los años pasan.

Las amenazas de pérdida son difíciles, ya que la posibilidad de su ocurrencia es real, pero es poco lo que podemos hacer al respecto. Nuestro sentido de control se destruye. Ha estado trabajando durante 19 años en la misma empresa, a los 20 años, todos sus beneficios están seguros. Luego se le informa que, debido a una economía estancada, el 40% de los empleados de su empresa serán despedidos al final del mes, y su longevidad en el empleo no es criterio para ser retenido. ¿Estará usted entre el 40 por ciento?

Hay muchas otras amenazas de pérdida en la vida: La espera del resultados de una biopsia; un cónyuge que dice: "Estoy pensando en divorciarme de ti"; Un interés romántico que ya no nos llama más; Una inversión que no se cristaliza; La demanda de un cliente o empleado enfadado; Un amigo que le dice que sospecha que su hijo ha estado usando drogas.

Todas las anteriores son pérdidas potenciales. Ellas podrían ocurrir y hay pocas cosas que pueda hacer respecto a ellas, y usted siente la pérdida incluso antes de que ocurra. Se siente impotente, pero ¡necesita enfrentarlas y manejarlas.

Ser parte de una iglesia o parroquia o sinagoga trae pérdidas que no estarían allí de otra manera. Las personas abandonan la iglesia, a veces la abandona el clero, y a veces hay divisiones en la iglesia.

Hay pérdidas que vienen como resultado del divorcio, hay pérdidas que vienen como consecuencia del abandono, ya sea físico o emocional.

Tener una enfermedad como el cáncer es considerada una enorme pérdida debido al cambio en la salud. Pero, ¿ha considerado todas las pérdidas secundarias adicionales? La pérdida de un ambiente familiar, la pérdida de la independencia, la pérdida de control, la pérdida de la autonomía, la pérdida de las funciones corporales, la pérdida de partes del cuerpo, la pérdida de previsibilidad, la pérdida del placer, la pérdida de la identidad, la pérdida de la intimidad, la pérdida de la esperanza, la pérdida del empleo, la pérdida de los hobbies agradables, la pérdida de la interacción social o los contactos, la pérdida de la autoestima y la pérdida de la movilidad.

Cuando hablamos de luto y duelo, lo primero que viene a nuestra mente es la muerte de una persona importante, pero ¿qué hay de todas las pérdidas secundarias que van junto con eso? La pérdida de las esperanzas, sueños, deseos, fantasías, sentimientos, expectativas y necesidades que tenía para esa persona. No es sólo lo que se pierde en el presente, sino lo que se pierde en el futuro también.

Una viuda no sólo ha perdido a su marido, también ha perdido a un compañero para compartir su jubilación, las funciones de la iglesia, los grupos de parejas, la boda de un hijo, el cumpleaños de un primer nieto y así sucesivamente. El hijo no solo ha perdido su padre, también ha perdido su amigo de juegos, su compañero de caza, etc. La mujer no solo ha perdido su hermana, ella ha perdido su confidente ó la niñera favorita de sus hijos.

El identificar algunos de los roles que desempeñaba una persona fallecida en su vida puede ayudarle a entender la dirección que ahora llevará su vida. Piense en alguien cercano a usted a quien haya perdido, o piense en qué funciones desempeña la persona con la que usted más comparte su vida. ¿Cuál de los siguientes sería aplicable?

Amigo	Hijo
Ayudante	Padre
Amante	Hermano
Jardinero	Hermana
Compañero	Proveedor
Socio Deportivo	Cocinero
Equilibrador de Chequera	Pagador de Facturas
Sacador de Basura	Personal de Lavandería
Mecánico	Confidente
Incentivador	Mentor
Motivador	Compañero de Oración
Socio	Fuente de Inspiración
El que Hace los Mandados	Maestro
Preparador de Impuestos	Consejero
Cónyuge	Protector

¿Entiende?

Estas son todas pérdidas comunes. No resulta fácil hacer el luto necesario en la mayoría de las pérdidas que experimentamos ¿Por qué? Porque generalmente no son reconocidas como pérdidas. El problema al tratar de hacer el luto por la pérdida cuando no está involucrada la muerte es que no hay ningún cuerpo, ningún funeral y ningún hombre para llorar. No hay ninguna salida tradicional socialmente sancionada para el luto, cuando la pérdida no es la muerte. (Wright, *Recovering from Losses in Life*, 2006, 19) (Wright, *Recuperándose de las Pérdidas de la Vida*, 2006, 19).

Y las pérdidas son acumulativas. Las pérdidas pasadas tienen un efecto sobre las pérdidas actuales y sus agregados. Y cuando no lidiamos con las pérdidas de vida, cuando no atravesamos el luto correctamente, las reacciones y sentimientos sin resolver conducen a un mayor nivel de incomodidad, y estas cuestiones sin resolver continúan impidiéndonos vivir la vida al máximo. Hay momentos en los que perdemos la esperanza y permanecemos atascados en el dolor del pasado.

¿Alguna vez ha tomado algunas moscas para colocarlas en un frasco de vidrio con agujeros en la parte superior? Algunos de nosotros lo hicimos cuando éramos niños. Si hace esto, se dará cuenta que las moscas vuelan alrededor frenéticamente buscando una manera de salir del frasco. Pero mantenga el frasco cerrado durante varios días y algo interesante comenzará a suceder. Cuando quite la tapa perforada, las moscas no intentarán escapar. Aunque no haya ninguna tapa, las moscas están tan acostumbradas a volar en círculos pequeños, que simplemente continuarán haciéndolo. Aun cuando lleguen cerca de la abertura, de inmediato empezarán a volar en círculos de nuevo.

Bueno, a veces la gente hace lo mismo. Llevamos nuestras pérdidas con nosotros como bagaje emocional, y aun cuando hayamos retirado la tapa de la jarra, continuamos volando en círculos.

¿Quién le enseñó a manejar las pérdidas de vida? A la mayoría de nosotros, probablemente nadie. En nuestras familias, nos enseñan que la adquisición de cosas, ya sea material o inmaterial, es la manera de ser feliz y sentirse satisfecho. Aprendemos a ser buenos para adquirir la atención y los elogios de los padres y otros adultos. En la escuela, la adquisición de calificaciones nos proporciona aceptación y aprobación. Rara vez nos enseñan nuestros padres cómo manejar la pérdida, la decepción y el fracaso.

El impulso de adquirir cosas continúa durante toda la vida. ¿No es esto lo que nos dicen los anunciantes que necesitamos para tener éxito? Por lo tanto, crecemos con el mito de que "adquirir es normal; perder es anormal". La pérdida para nosotros se siente mal y antinatural. El cómo responda a las pérdidas de hoy y mañana puede ser el resultado de cómo haya respondido a las pérdidas tempranas en su vida.

Cada pérdida es importante. Es parte de la vida y no puede evitarse. ¡Las pérdidas son necesarias! Se va creciendo al perder y luego al aceptar la pérdida. El cambio se produce a través de la pérdida, el crecimiento se produce a través de la pérdida. La vida puede tomar un significado más profundo y más rico debido a las pérdidas, mientras mejor las enfrente, más sano estará y más crecerá. Nadie dijo que las pérdidas fueran justas, pero es parte de la vida.

Para las personas de fe, la cuestión de la pérdida tiene un significado adicional: el crecimiento espiritual. Las pérdidas pueden fortalecer nuestra fe. Nos permiten confiar más en Dios y en sus recursos que en nosotros mismos. Con cada pérdida, se nos recuerda el hecho de que no estamos en control, y no somos autosuficientes. La pérdida produce madurez. Romanos 5:3-4 dice:

> Y no sólo esto, más aún nos gloriamos en las tribulaciones, sabiendo que la tribulación produce paciencia; Y la paciencia, prueba; y la prueba, esperanza.

La pérdida nos recuerda que no podemos tener siempre una gratificación inmediata. No podemos tener siempre lo que queremos, cuando queremos, pase lo que pase.

Cuando usted experimenta una pérdida, como el apóstol Pablo, sus creencias pueden cambiar. Pablo descubrió el propósito de las pérdidas. En 2 Corintios 12:1-10, habló de su espina en la piel. Él quería que se fuera y no se iba. Pero entonces se enteró de que había un propósito para esta espina y el poder de Dios resultaría más evidente en su vida debido a su presencia.

Cuando usted experimenta una pérdida, usted podría descubrir el alcance del consuelo de Dios. 2 Corintios 1:3-7 dice:

Alabado sea el Dios y Padre de nuestro Señor Jesucristo, el Padre de la compasión y el Dios de toda consolación, que nos consuela en todas nuestras tribulaciones, para que nosotros podamos consolar a los demás en cualquier problema con el mismo consuelo que nosotros recibimos de Dios.

Las pérdidas pueden reunir a las personas de una manera nunca antes experimentada. Estamos llamados para consolar a los demás (1 Tes. 4:18) y a llorar con los que lloran (Rom. 12:15).

Nuestras pérdidas pueden cambiar nuestros valores. Las preguntas "¿por qué pase tanto tiempo con ese asunto?" y "¿por qué perdí todos esos años?" son comunes cuando uno está de duelo por la pérdida de un ser querido. Con suerte, aprenderemos a través de esas experiencias de forma que nuestra vida se verá transformada.

La clave de todo esto es: Debemos de lidiar con nuestras pérdidas, deben ser tratadas. ¡Tenemos que estar conscientes de ello! ¡Tenemos que sufrirlas! Como Alan Wolfelt (2007) dice: "Si quieres vivir bien y amar bien, necesitas sufrir bien".

Esperemos que usted esté aprendiendo a hacer justamente eso.

Capítulo Cinco

La Visión de Nuestra Cultura Sobre la Muerte

Vivimos en una cultura que no aborda bien las cuestiones del fin de la vida. A las personas no les gusta hablar de la muerte. Para muchos, el tema es tabú. Si se toca el tema, las personas tratarán de cambiarlo, mientras que otros se apartarán del grupo. Mucha gente se siente incómoda. Para algunas personas, la suposición subyacente es que si hablan acerca de la muerte, puede pasarle a ellos. Entonces, ni siquiera lo mencionan.

Como resultado de esta suposición subyacente, hemos creado muchos eufemismos relacionados a morir y a la muerte. Hay literalmente cientos de eufemismos para la muerte en todos los idiomas. En lugar de decir que alguien ha muerto, decimos que expiraron, fallecieron o estiraron la pata. Patearon la cubeta o colgaron los tenis. Nos referimos a una persona muerta como a un minero que está seis pies bajo tierra, o que está sembrando las margaritas. Decimos que tomaron el último tren, que bailaron con la más fea o que cortaron el hilo. Todo esto y mucho, mucho más, todo porque no nos gusta mencionar la palabra "muerto".

Mientras que algunos deliberadamente no hablan sobre los temas del fin de la vida, me da la sensación de que muchas culturas y naciones han sido tan condicionadas por las creencias populares, que no somos capaces de aceptar que la muerte es inevitable.

Piense en ello. Hay muchos médicos que rara vez discuten la etapa final de la vida. Ellos continúan ofreciendo tratamientos a sus pacientes, incluso cuando son de poco o ningún beneficio.

Cuando fallece un ser querido, las personas se enfrentan a la realidad de la muerte. Sin embargo, aquellos a su alrededor todavía podrían negarse a reconocer esta realidad. Los deudos tienen que volver a trabajar en tres días y algunos no mencionarán nunca ni una palabra sobre su pérdida. Otros harán comentarios tales como: "Ya pasó un mes, ¿aún no lo supera?" En otras palabras, ellos están diciendo: "¡Me hace sentir incómodo! Por favor, no hable de ello. Por favor ¡no me haga enfrentar esta realidad!"

Sería mucho más fácil si pudiésemos acudir a nuestras familias, nuestros amigos o nuestros lugares de trabajo para encontrar el apoyo que necesitamos al atravesar nuestro viaje de duelo. (Esa es parte de la visión del Coaching Al Final de La Vida). Desafortunadamente, esa no es la realidad. Muchas personas en duelo deben ser sus propios coaches durante su viaje de duelo o hacerlo con un coach de fin de vida certificado durante un periodo de tiempo.

Capítulo Seis

La Iglesia, ¿Ayuda o Estorbo?

Y entonces, ¿Qué hay con la iglesia?

Cuando un ser querido muere y los deudos están sufriendo, ¿a dónde deben dirigirse para buscar ayuda? ¿Encontrarán personas que puedan caminar el viaje del duelo con ellos? ¿No es éste el lugar a donde deben acudir para encontrar la ayuda del Señor?

La respuesta a esa pregunta debería ser SÍ. No debería haber un lugar más confortable o de mayor ayuda al abordar cuestiones de fin de vida. Sin embargo, mi experiencia demuestra que lo que "debería ser" no siempre es. De hecho, me atrevería a decir que la mayoría de las veces, puedo ver y escuchar historias en las que la iglesia resulta ser más un estorbo que una ayuda en estos asuntos. Me entristece enormemente, porque no tiene por qué ser así. Oro por que esto cambie con el tiempo. Esta es mi visión y mi oración.

¿Cómo puede la iglesia terminar siendo un estorbo más que una ayuda? Considere estos pensamientos:

Los Principios Culturales Permean la Iglesia

En el último capítulo hablamos sobre la cultura en la que vivimos. Es una cultura que no quiere interesarse en las cuestiones de fin de vida, a muchos no les gusta hablar de ello, evitan el tema a cualquier precio y, en el proceso, evitan a las personas que están atravesando una crisis de fin de vida.

Puesto que la iglesia se compone de personas (personas que forman parte de la cultura actual) esos mismos sentimientos y respuestas se convierten fácilmente en parte de la misma iglesia. Aquellos que están luchando con una enfermedad mortal y aquellos que están sufriendo por la pérdida de un ser querido a veces se sentirán tan aislados y solos como aquellos que no son parte de una iglesia. ¿Por qué? A menudo la cultura de la iglesia no es diferente. En muchos casos, es aún más difícil para los practicantes, porque esperan que sea diferente. Esperan que su familia de la iglesia los apoye y sufren cuando no es así.

El Clérigo No Sabe Cómo Hacerlo

No son sólo los feligreses los que traen a la iglesia las ideas culturales actuales relativas a las cuestiones de fin de vida. El clero a menudo hace lo mismo. No es que quieran que sea así, pero verdaderamente no conocen otra forma. Nunca les enseñaron.

Reviso mi propia historia: Tuve una experiencia maravillosa en el seminario, la cual me preparó para el ministerio pastoral. Recuerdo una conferencia en mi clase de

Consejería Pastoral que trataba sobre el duelo y la pérdida, y recuerdo una clase en mi Curso de Predicación sobre los funerales. Eso, sin embargo, fue todo el entrenamiento que recibí sobre los temas de fin de vida. No estoy culpando a mi seminario, simplemente sólo hay cabida para cierta cantidad de material en un programa de tres años. Estoy tratando de señalar la realidad. Lo que empeoró todo esto es que no tenía ni idea de lo poco que sabía. Yo pensé que estaba bien preparado para ministrar a las personas que estaban lidiando con los asuntos de fin de vida.

Otro tema importante para el clero es la falta de tiempo. El clero simplemente no tiene el tiempo para dar una amplia atención, los desconsolados feligreses se sienten aislados al ver que el pastor pasa a la siguiente crisis familiar. (Animo a los feligreses que deseen ver un cambio en su iglesia respecto a este asunto a que conozcan el software Bereavement Management System. Pueden buscar más información en www.bereavementmanagement.com)

La Típica Respuesta Piadosa

Cuando se toma a un grupo de una comunidad de fe, en la que verdaderamente se preocupa el uno por el otro y añadimos a eso personas cuya formación primaria en los temas de fin de vida parten de nuestra cultura actual, obtendremos lo siguiente:

Cuando se trata de cuidar y atender a los que están en duelo, el problema que veo con la iglesia es que los miembros y el clero se preocupan demasiado. ¡Son demasiado buenos! ¿Cómo puede uno cuidar demasiado o ser demasiado bueno? Cuando una persona experimenta una pérdida, la cosa más importante que deben hacer es atravesar su duelo. La iglesia se convierte en un estorbo cuando se esfuerza tanto en que el feligrés se sienta tan cómodo, que no le permiten experimentar su duelo.

Miedo

Algunas veces se trata de miedo:

- Tengo miedo de que me pidan algo que no puedo hacer o que me pregunten algo que no pueda contestar.

- Tengo miedo de lo que tenga que decir. No quiero empeorarlo todo.

- No quiero evocar sentimientos fuertes.

- Qué pasa si mueren mientras estoy allí. Me enseñaron qué hacer, no cómo comportarme o qué decirle a los individuos y familias que están lidiando con los asuntos del fin de la vida.

- Si hago una pregunta abierta, no sé hacia dónde irá la conversación. Me da miedo hacerlos llorar.

- Me da miedo soltarme a llorar. Soy muy sensible.

Uso Indebido de las Escrituras o Mala Teología

Decir que los cristianos no deben sufrir, o que no deberían sentir depresión cuando se les dice que tienen una enfermedad potencialmente mortal, es ridículo. Esto es cruel y es como decirles "supéralo". Sin embargo, la gente bien intencionada (laicos y clérigos por igual) repite esas palabras una y otra vez: "Si lloran, o derramar lágrimas, o se asustan, o muestran emociones excesivas o se preguntan ' ¿por qué?,' muestran falta de fe y no confían en Dios. ¡Eso es lo que dice la Biblia!" Esas palabras son dichas de forma verbal o sólo implícita a través del comportamiento de la gente. Yo entiendo por qué algunas personas evitan ir a la iglesia mientras experimentan los problemas de fin de vida. Encuentran que las iglesias son más un estorbo que una ayuda.

La Biblia dice: "... No queremos que ... sufras como el resto de los hombres, que no tienen esperanza". (1 Tes. 4:13). Experimentar el dolor y el duelo, no es de ninguna manera un signo de ser un cristiano inmaduro, o una persona que carece de fe. El apóstol Pablo dice que no deberíamos sufrir como aquellos que no tienen esperanza, pero nunca dice "No sufran". Paul está expresando que el dolor piadoso, tan real como lo es, debe ser atenuado por la inquebrantable esperanza basada en la resurrección del Salvador, Jesucristo.

Los que están en duelo experimentan toda una gama de emociones que son normales. Vuélvase al antiguo testamento para ver cómo Job experimentó y trabajó a través de su torrente de emociones. Estaba adormecido, enfrentando pérdida tras pérdida, perdiendo todo lo que él consideraba valioso. Se enojó cuando su esposa le dijo que maldijera a Dios y que muriera. Estaba probablemente asustado al ver que sus enfermedades continuaban empeorándose. Estaba molesto porque parecía que tampoco podía morir. Primero estuvo alegre y luego triste cuando sus tres amigos aparecieron para consolarlo y, al continuar "consolándolo", se sintió cada vez más solitario porque demostraron no ofrecer ningún consuelo real. ¡Él quería que se fueran! Ese es el sufrimiento normal, no una expresión de falta de fe.

Hechos 8:2 dice: "Los hombres piadosos sepultaron a Esteban e hicieron un gran duelo por él". Esto encaja perfectamente en la Directiva de Pablo el apóstol a los romanos sobre "llorar con los que lloran" (Romanos 2:15). Los ancianos de la iglesia de Éfeso reaccionaron de esta manera cuando Pablo les dijo: "Todos lloraban ... Lo que más les dolió fue su declaración que nunca verían su rostro otra vez". (Hechos 20:37-38).

Las escrituras tienen numerosos ejemplos de dolor intenso. Abraham e Isaac lloraron la pérdida de Sarah (Gén. 23:2; 24:67). Los israelitas lloraron la muerte de Jacob (Gén. 50), Aarón (núm. 20:29), Moisés (Deut. 34), Samuel (1 Sam. 28: 3), Saúl y Jonatán (2 Sam. 1:12, 17), Josías (2 cron. 35:25), y muchos otros. En el nuevo testamento, Jesús se retiró en privado para llorar la muerte de Juan el Bautista (Mateo 14:13). Lloró abiertamente, con dolor y en empatía con sus amigas, María y Marta, en la tumba de su hermano, Lázaro (Juan 11:35). Los creyentes devotos lamentaron la muerte del diácono Esteban (Hechos 8:2). Las mujeres piadosas lloraron abiertamente la pérdida de Tabita en Jope (Hechos 9:39)

Con todo esto, aún algunos pastores y miembros de la iglesia bien intencionados dicen que es inadecuado llorar abiertamente, y que eso demuestra una falta de fe. No me sorprende que algunos de los que están muriendo o sufriendo un duelo se mantengan alejados de la iglesia, afirmando que es más un estorbo que una ayuda.

El Uso de Clichés—Religiosos Y Seculares

Muchas personas se sienten incómodas con el silencio, y cuando le hablan a alguien que está enfrentando los asuntos de fin de vida, sienten la necesidad de decir algo. Mientras paso mi tiempo compartiendo con los que mueren y están en duelo, una de las mayores frustraciones que escucho es sobre los comentarios que otros les hacen. Muchos están incómodos con el silencio y, cuando hablan con alguien que enfrenta problemas de fin-de-vida, sienten la necesidad de decir algo. No saben qué decir, y con frecuencia dicen cosas que son dañinas, y a veces incluso perjudiciales, a las personas que están tratando de consolar. La iglesia no es una excepción a esto. De hecho, es uno de los lugares más comunes en los que las personas se enfrentan con estos clichés. Lamentablemente, los clichés religiosos son los más devastadores. No hay ninguna manera sencilla de responder a ellos.

Esta es una frustración muy común y un obstáculo importante para la ayuda y la atención de los que están próximos a morir y los que se encuentran en duelo, y podría escribirse todo un libro sólo sobre este tema. Sin embargo, en aras de la brevedad, permítanme compartir algunos de los clichés más populares que he escuchado, tanto religiosos como seculares, y que sin duda son un obstáculo para aquellos que se encuentran en duelo:

- La muerte es inevitable. Supérelo.

- La vida continúa.

- Sea agradecido de lo que tiene.

- Era la voluntad de Dios.

- Aún es joven, puede tener otro hijo/casarse otra vez.

- Hay más peces en el mar.

- Dios solo se lleva a los mejores y más brillantes.

- Siéntase agradecido de haberlo tenido el tiempo que lo tuvo.

- Está en un mejor lugar ahora.

- Seguramente algo andaba mal.

- Así está mejor.

- Mantenga la mirada en alto.

- Dios no nos da nada que no podamos manejar.

- De gracias de que tiene otra hija.

- Tiene que seguir adelante con su vida.

- hay una razón para todo.

- Tiene toda su vida por delante.

- Sólo concéntrese en todo lo bueno que tiene.

- Sé cómo se siente.

- Debería sentirte agradecido de que ya no siente dolor.

- Hay muchas personas que están en situaciones peores.

- El tiempo lo cura todo.

- Era tan buena (bueno) que Dios lo quería a Su lado.

- Dios le ha llamado a Su ministerio.

- Por lo menos no tuvo tiempo de encariñarse con su bebé.

- Ella misma provocó esto.

- Trate de no llorar. El (ella) no querrían que usted llorara.

- Es tiempo de que supere todo esto.

- ¿Aún no lo supera? Ya ha pasado mucho tiempo.

- Podría haber sido peor.

- Si cree que esto es malo, yo conozco a una familia que…

- Esto ni si quiera se compara a cuando murió mi madre.

- Debe sentirse aliviado.

La Necesidad de Defender a Dios

Mencionaré aquí una última razón por la cual la iglesia puede llegar a ser más un estorbo que una ayuda cuando se trata de cuestiones de fin de vida. Esto sucede cuando la gente religiosa siente la necesidad de defender a Dios.

Hacerle frente a los temas de fin de vida nunca es divertido y casi nunca es una opción personal. De hecho, ¡la mayoría reza por no tener que hacerles frente! El problema viene cuando esta oración no es escuchada, o al menos no es contestada de la forma en que quieren.

Después de recibir la noticia de que tienen una enfermedad terminal, o después de la muerte de un ser querido, la pregunta que se hacen más es "¿Por qué?", "¿Por qué me dio cáncer a mí? ¿Por qué se llevó Dios a mi ser querido? ¿Por qué no respondió él a mis ruegos y le curó?"

Muchos se enojan con Dios. "¿Cómo puede un Dios amoroso hacer algo así?"

Algunos se preguntan si Dios los está castigando por algún pecado que han cometido. Se molestan porque Dios los ha rechazado y no entienden por qué.

¡Algunos incluso maldecirán a Dios!

Todas las anteriores son reacciones normales tras la muerte de un ser querido. Decirles a estas personas que están fuera de línea con sus comentarios, o tratar de defender a Dios no es la respuesta más útil. Por una parte, Dios no necesita ser defendido. Pero aún más, el defender a Dios no ayudará a que el individuo que está envuelto en dolor se acerque a Él (lo que suele ser la intención del miembro de la iglesia). Cuando la iglesia siente la necesidad de defender a Dios en estas situaciones, el resultado es que generalmente empujan a la persona lejos de Dios. Aquellos que defienden a Dios frente a la muerte y al duelo terminan siendo mucho más un estorbo que una ayuda.

Capítulo Siete

Encontrando un Coach de Fin de Vida

¿Cómo hace uno para encontrar a un coach de fin de vida con quien caminar el viaje del duelo?

La forma más fácil es ir a la página web coachingatendoflife.com y buscar entre la lista de coaches de fin de vida certificados. Todos los coaches enlistados ahí han completado la preparación de Coaching Al Final De La Vida, han pasado las pruebas y se han certificado. Lea los perfiles para encontrar uno que le parezca un partido. La mayoría ofrecerá una sesión gratuita de coaching para que usted puede encontrar uno compatible con sus necesidades particulares. Comuníquese conmigo o con cualquiera de los coaches certificados con cualquier pregunta que tenga.

Si usted está buscando un amigo con quien caminar el viaje del duelo, encuentre a alguien "seguro" con quien pueda ser usted mismo y compartir cualquier cosa. Incluso debería darle una copia de este libro para que lo lea, antes de que usted obtenga su apoyo. Dígale que este es el modelo de duelo que le gustaría seguir y vea si él puede apoyarle

Si en cualquier momento su coach trata de curarle o actúa como el experto, hable con él. Si es necesario, busque un nuevo coach que le trate como el experto que usted eres y que camine su viaje con usted. Tener el coach correcto es demasiado importante como para conformarse con algo inferior de lo que realmente necesita.

Capítulo Ocho

Grupos de Apoyo de Duelo

Aademás de tener su propio entrenador, muchos encuentran ayuda al asistir a grupos de apoyo de duelo. Existen cuatro objetivos primordiales que se logran en los grupos de apoyo de duelo. En primer lugar, le recuerdan que no está solo. El estar en presencia de otras personas que están experimentando sentimientos y pensamientos similares puede resultar muy valioso.

En segundo lugar, los grupos le recuerdan que el dolor que siente es normal y que no está loco, como podría haber temido inicialmente. Ver que otros experimentan algunas de las mismas cosas "locas" que él está experimentando puede ayudarle a decir: "Si todas estas personas están experimentando algunas de las cosas que yo también estoy sintiendo, entonces tal vez no estoy tan mal".

En tercer lugar, los grupos de apoyo de duelo se convierten en un lugar en los que muchos son instruidos sobre lo que es normal en un duelo y aprenden lo que significa una pérdida. Como se indicó anteriormente, esto no es algo que aprendemos en nuestra cultura. La instrucción del duelo es una necesidad para muchos.

En cuarto lugar, los grupos de apoyo de duelo se convierten en una salida social para muchas personas. Están contentos de estar conectados con otras personas que "entienden" por lo que están pasando. A menudo se forman relaciones y amistades duraderas y profundas en los grupos.

Hay una gran variedad de tipos de grupos de apoyo de duelo. Algunos son grupos de fe, otros son específicos para ciertos duelos, los adolescentes que perdieron a un padre; la pérdida de un cónyuge o de un hijo; o personas que hayan tenido un ser querido que mueren por suicidio, o por cáncer, o en un trágico accidente. Algunos son grupos a corto plazo, siete sesiones semanales y luego se disuelven. Otros grupos permanecen vivos para siempre, por ejemplo, una reunión mensual sin fecha de finalización.

Existen varios medios por los cuales uno puede estar involucrado en un grupo de apoyo de duelo. El método tradicional es reunirse en un lugar común y apoyarse el uno al otro en persona. Para aquellos que no son capaces de salir, o no están preparados para enfrentarse a la gente, algunos grupos de apoyo se reúnen por teléfono. Otros prefieren "escribir" en lugar de "hablar", y los grupos de apoyo en línea proporcionan la oportunidad perfecta mediante una sala de chat. (Vea coachingatendoflife.com para encontrar algunos grupos de teléfono a los que tal vez quiera unirse o para obtener información sobre cómo puede participar en un grupo de apoyo en línea).

Además de la página web coachingatendoflife.com, algunos de los lugares donde usted puede encontrar grupos de apoyo de duelo disponibles son:

- Busque en Google "grupos de apoyo de duelo en ... (ciudad, estado)".

- Pregunte en las organizaciones de hospicio locales.

- Pregunte en su hospital local.

- Muchas iglesias u organizaciones basadas en la fe proveen grupos de ayuda de duelo que están abiertos a la comunidad.

- Pregunte a su doctor.

- Busque en la sección de su comunidad en el diario local.

La mayoría de los grupos de apoyo de duelo observará ciertas "reglas" por las cuales operan. Querrá asegurarse de que estas reglas de grupo estén en consonancia con el modelo de coaching de apoyo al duelo descrita en este libro. Como una muestra de lo que podría estar buscando, a continuación se muestran las reglas que sigo en mis grupos:

1. El duelo de cada persona es único. Mientras que usted puede compartir algunas similitudes en sus experiencias, no son exactamente iguales. En consecuencia, respete y acepte tanto lo que tenga en con otros en el grupo y lo que sea único para usted.

2. El duelo no es una enfermedad. No hay una "cura rápida" para lo que está sintiendo. La curación es un proceso, no un evento. No fije un calendario específico para lo que tardará usted u otras personas en sanar.

3. Siéntase libre de hablar sobre su dolor. Sin embargo, si alguien en el grupo decide escuchar sin compartir, por favor respete su preferencia.

4. Existe una diferencia entre escuchar activamente lo que otra persona está diciendo y expresar su propio dolor. Haga el esfuerzo de no interrumpir cuando otra persona esté hablando.

5. Los pensamientos, sentimientos y experiencias compartidas en este grupo se quedarán en este grupo. Respete el derecho de los demás a la confidencialidad. No utilice los nombres de otros participantes en las discusiones fuera del grupo.

6. Permítale a cada persona expresarse durante el mismo período de tiempo, para que no sólo la minoría de miembros monopolicen el tiempo.

7. Asista a las reuniones del grupo tanto como usted desee. No hay un tiempo establecido para que usted asista o deje de asistir. Por favor, haga lo que pueda por llegar a tiempo, y nos aseguraremos de terminar a tiempo.

8. Evite "dar consejos" a menos que un miembro del grupo se lo solicite específicamente. Si el consejo no es solicitado, no lo dé. Si un miembro del grupo plantea una pregunta, comparta ideas que le hayan ayudado si usted experimentó una situación similar cuando sea posible. Este grupo es para ayudar, no para impartir terapia.

9. Reconozca que los pensamientos y sentimientos no son ni buenos ni malos. Entre en los pensamientos y sentimientos de los otros miembros del grupo sin tratar de cambiarlos.

10. Cree una atmósfera de disponibilidad, abrase a compartir. Si te siente presionaron a hablar pero no quiere hacerlo, dígalo. Su derecho de contemplación será respetado por el grupo.

Capítulo Nueve

Apoyo al Duelo en Cualquier Momento

Escucho una y otra vez: "Nunca estaría donde estoy ahora de no ser por mi grupo de apoyo".

Sin embargo, el problema con los grupos de apoyo del duelo, es que sólo se reúnen mensual o semanalmente, en el mejor de los casos. Eso es un problema, porque el dolor, como todos sabemos, no conoce de agenda o calendario. La mayoría de nosotros experimenta ráfagas de tristeza en distintos momentos del día y de la noche, a veces cuando menos lo esperamos o deseamos.

Debido a que el coach no está con nosotros 24/7, dijimos que es importante aprender a ser nuestros propios coaches a través del duelo. De manera similar, tiene que haber una alternativa a nuestros regularmente programados grupos de apoyo de duelo. Esa alternativa es el grupo de ayuda de duelo permanente que se encuentra en la página web coachingatendoflife.com.

Aquí, en cualquier momento del día o de la noche, puede iniciar sesión y bloguear sobre lo que está sintiendo o experimentando. Si otros estan en línea al mismo tiempo, los puede invitar a charlar con usted. Quizá quieras publicar las fotos de su ser querido o hablar de los pies de manzana que le salían tan bien, o descubrir su sentido del humor, o ... usted ya tiene la idea. Tendrá una manera de honrar a su ser querido, al igual que podrá experimentar su duelo y recibir apoyo al mismo tiempo.

Capítulo Diez

¿Cómo Me Convierto en Coach de Fin de Vida?

Después de que las personas que han experimentado un duelo son acompañadas por un coach de fin de vida a través de su camino de duelo, ellos desean hacer lo mismo para otras personas. (Esto es parte del "crecimiento" que ocurre, como se describe en el paso de acción No. 8 en el Capítulo Tres de este libro. Recibo varias consultas acerca de cómo pueden educarse y equiparse para convertirse en un coach de fin de vida certificado.

Consulte el sitio web coachingatendoflife.com. El calendario muestra las fechas de los y entrenamientos presenciales y en línea. Contácteme si quiere organizar una capacitación en una ubicación cercana a usted.

Los participantes utilizar el libro de texto "Coaching al Final de la Vida", disponible en el sitio web coachingatendoflife.com.

Me encantaría hablar de cualquiera de estas opciones con usted. Vivimos en un mundo que está sufriendo, y hay muchas personas tratando de trabajar por su cuenta, desesperadamente necesitados de un coach que camine con ellos a través de su dolor. Tal vez usted sea parte de su respuesta.

Dr. Don Eisenhauer

Coaching at End of Life

don@coachingatendoflife.com

484-948-1894

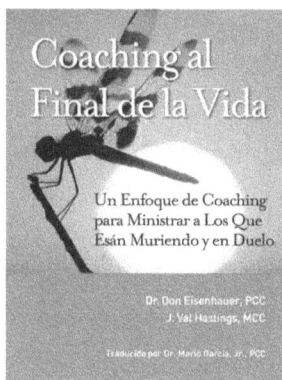

Recursos

Principios para Ser su Propio Coach Durante su Duelo

1. Encuentre Un Lugar Seguro.

2. Súbase A La Montaña Rusa Y Sujétese Con Fuerza.

3. Cuente Su Historia.

4. Aprenda Lo Que Es Normal En El Duelo.

5. Tome Tanto Tiempo Como Necesite.

6. No Deje Que Nadie Le Diga Lo Que Tiene Que Hacer.

7. Descubra Su Nuevo Estado Normal.

8. Celebre Su Crecimiento

Descargue la Aplicación de Coaching al Final de la Vida

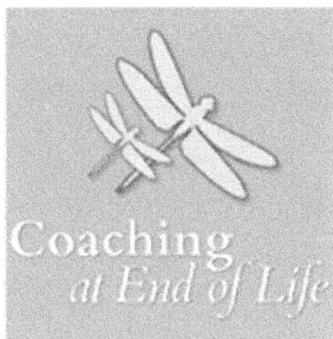

Busque "Coaching al Final de la Vida" en Apple o Google Store para descargar esta aplicación gratuita.

Desde esta aplicación podrá acceder al sitio web de Coaching al Final de la Vida, encontrar un coach certificado de fin-de-vida para que camine su viaje de duelo con usted, localizar grupos de apoyo de duelo, acceder a las oportunidades de Permanente Apoyo al Duelo y recibir notificaciones de eventos próximos y noticias.

Libro Gratuito: Lecciones de Vida de las Libélulas

¿Qué piensa de las libélulas?

Si usted viera una libélula cerca de usted, ¿permitiría que aterrizara en su brazo? ¿Le daría miedo el que lo hiciera? ¿Por qué se llaman libélulas (mariposas de fuego, en inglés)? ¡No parecen dragones! ¿Y qué les pasa en los ojos? ¡Son enormes!

¿Ha pensado sobre lo que le pueden enseñar las libélulas? (No, ¡no estoy bromeando!)

No sólo yo estoy fascinado con las libélulas. El simbolismo de la libélula juega un papel importante en muchas culturas del mundo. En diferentes tiempos y lugares, la libélula ha sido asociada con el bien y el mal.

Aprenda más sobre lo que la libélula puede enseñarnos sobre la vida, y cómo puede ayudarnos a enfrentar el inevitable tema del final de la vida. Para obtener su ebook gratuito, llene el formulario en http:// coachingatendoflife. com/free-e-book-life-lessons-from-fireflies.

Life Lessons From Dragonflies

Helping us face the inevitable end of life issues

By Dr. Don Eisenhauer, PCC

Referencias

Eisenhauer, Don. *Coaching at End of Life: A Coach Approach to Ministering to the Dying and the Grieving.* Coaching4Clergy, 2012.

Eisenhauer, Don. *Coaching al Final de la Vida, Un Enfoque de Coaching Para El Ministerio De Los Que Están Muriendo Y En Duelo.* Coaching4Clergy, 2012.

Eisenhauer, Don. *Life Lessons from Dragonflies: Helping us face the inevitable end of life issues.* PDF Edition. 2012.

Eisenhauer, Don. *Lecciones de Vida de las Libélulas: Ayudándonos a Enfrentar Los Inevitables Asuntos del Fin de la Vida.* PDF Edition. 2012.

International Coach Federation. "Top Ten Indicators to Refer a Client to a Mental Health Professional", prepared by Meinke, Lynn F., MA, RN, CLC, CSLC. http://www. coachfederation.org. 2007.

International Coach Federation. "Los Top Diez Indicadores para Referir a Un Cliente a Un Profesional de la Salud Mental", preparado por Meinke, Lynn F., MA, RN, CLC, CSLC. http://www. coachfederation.org. 2007.

Kubler-Ross, Elizabeth. *On Death and Dying.* London: Routledge, 1973.

Kubler-Ross, Elizabeth. *Sobre la Muerte y el Morir.* London: Routledge, 1973.

NIV Pastor's Bible. Grand Rapids: Zondervan Publishing House, 2000.

NIV Pastor's Bible. Grand Rapids: Zondervan Publishing House, 2000.

Wolfelt, Alan D. *Living in the Shadow of the Ghosts of Grief.* Fort Collins, CO: Companion Press, 2007.

Wolfelt, Alan D. *Viviendo A La Sombra del Fantasma del Duelo.* Fort Collins, CO: Companion Press, 2007.

Wolfelt, Alan D. *Understanding Your Grief.* Fort Collins, CO: Companion Press, 2003.

Wolfelt, Alan D. *Comprendiendo Su Duelo.* Fort Collins, CO: Companion Press, 2003.

Wright, H. Norman. *Helping Those Who Hurt: Reaching Out to Your Friends in Need.* Bloomington, MN: Bethany House Publishers, 2006.

Wright, H. Norman. *Ayudando A Aquellos Que Sufren: Tendiéndole La Mano A Sus Amigos Necesitados.* Bloomington, MN: Bethany House Publishers, 2006.

Wright, H. Norman. *Recovering from Losses in Life.* Grand Rapids, MI: Fleming H. Revell, 2006.

Wright, H. Norman. *Recuperándose de Las Pérdidas de la Vida.* Grand Rapids, MI: Fleming H. Revell, 2006.

Acerca del Autor

El Dr. Don Eisenhauer es un pastor y un Coach Certificado Asociado, acreditado por la International Coach Federation. Es el fundador y presidente de Coaching at the End of Life LLC (www.coachingatendoflife) en donde provee formación, recursos y certificación para coaches. Además de realizar coaching de fin de vida y manejar grupos de apoyo de duelo, Don es Capellán de Hospicio y Coordinador de Duelo. También está en Coaching4Clergy.

Otras publicaciones inlcuyen el libro electrónico *Lecciones de Vida de las Libélulas: Ayudándonos a Enfrentar los Ineludibles Temas del Fin de Vida"*, y el libro de texto *Coaching Al Final De La Vida: Un Enfoque de Coaching Para Ministrar A Los Que Esán Muriendo Y En Duelo*, el cual escribió en coautoría con: J. Val Hastings, MCC. Don ayuda apasionadamente a las personas para que vivan plenamente hasta que mueran, y ayuda a preparar a los pastores y a otros líderes de la iglesia a ministrar a los moribundos y a los que están en duelo. Es también cofundador del Grupo de Gestión de Duelo (Bereavement Management Group) que proporciona software de ayudar en el cuidado de las personas en duelo. Puede leer más sobre este programa en www.bereavementmanagement.com.

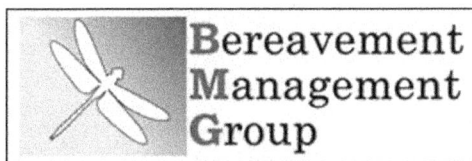

Bereavement Management Group

www.ingramcontent.com/pod-product-compliance
Lightning Source LLC
Chambersburg PA
CBHW060551100426
42742CB00013B/2515